スポーツメンタルコーチに学ぶ！

子どものやる気を引き出す7つのしつもん

藤代圭一

旬報社

子どもたち・選手と実践！

コミュニケーションに役立つ

オリジナルワークシートがダウンロードできます！

http://shimt.jp/?p=7671

第7章　なりたい自分になる〝みらいしつもん〟

はじめに

「子どもたちにサッカーの指導をしているけれど、なかなか効果があらわれない」

「息子が野球をはじめたいと言うからチームに入れたのに、やる気が見られない」

「なんでも親まかせ、他人まかせ。自分で考えて行動しようとしない」

サッカーや野球といったスポーツに限らず、習い事や勉強など、子どもたちのやる気を引き出すのは難しい……。

「どうしたら、子どもたちがやる気を出してくれるんだろう？」

実はこれは、数年前までスポーツ指導の現場にいた私自身の悩みでした。課題を解決すべく、毎日子どもたちと向き合うも思い通りにはいきません。そんな中、ある出会いと気づきが転機となりました。

教えることをやめる。

教えよう、教えようとしていた自分を変え、子どもたちに効果的な〝しつもん〟をする。たったそれだけで、子どもたちの目が輝き出し、みるみる能力を発揮するようになっていったのです。

この本は、スポーツの指導者、コーチ、学校の先生や保護者の方のお悩みを、七つの

〝しつもん〟で解決していこうという本です。

教えることをやめるってどういうこと？

どうして質問で解決できるの？

質問と〝しつもん〟ってなにか違いがあるの？

この本を手にとってページをめくりはじめたばかりのあなたの頭には？マークがたくさん浮かんでいると思います。この本を通じ、その一つひとつにお答えしていきます。

〝しつもん〟との出会い

ひとりでも多くの子どもたちが、その子らしく輝くサポートをしたい

二〇一一年にメンタルコーチとして独立した私は、こんな願いを持って〝しつもんメンタルトレーニング〟を開業しました。

それからさかのぼること数年前。大手スポーツメーカーに勤務していた私は、自身もプレーしてきたサッカーに携わるチャンスを得ました。元日本代表選手をメインコーチとしたサッカースクールが夢の第一歩でした。仕事をはじめた当初は、大好きなサッカーに関わる仕事ができることに浮かれていましたが、指導の現場で子どもたちと向き合えば向き合うほど「自分にはなにかが足りない」と思うようになりました。

子どもたちにサッカーを指導するために、技術的なことや練習方法などについていたくさん学び、子どもたちに「もっとサッカーを教えてあげたい」と意気込んでいたのですが、あるとき私は自分が大きな勘違いをしていることに気がつくのです。

「このままじゃやばいよ」

スクールに携わるようになってから、二〜三年が経つと、スクール生が会社の見込みほどは増えなくなりました。やがて増えるどころか目に見えて減っていき、スクールの支配人から、スタッフに危機感を煽るような言葉も増えていきました。スタッフルームにはスクール生の在籍数が貼り出され、その数字が減っていく緊張感もありました。

そのとき副支配人という立場になっていた私は、なんとかスクール生の数を増やそうと駅前でビラを配ったり、ポスターを貼ったり、ポスティングをして宣伝に務めました。

「こんなに良い指導者がいて、施設があって、なぜ人が来ないんだろう？」

スクール存亡の危機に直面し、必死でビラを配っていたとき、私はふとこんな疑問を抱きました。

「良い指導者ってなんだろう？」

その頃の私は良い指導者がいればスクール生は自然と集まってくると思っていました。たしかにそうなのですが、そのとき考えていた「良い指導者」というのは、簡単に言えば、サッカーのうまい指導者。私にとってスポーツの指導者、コーチとは「子どもたちよりそのスポーツがうまくて、技術を教えられる人」に過ぎませんでした。

そんなときに出会ったのが『魔法の質問』主宰者で、〝質問家〟である松田充弘（マツダミヒロ）さんでした。

対象に「質問」をすることでやる気と能力を引き出す。この考え方は当時の私に大きな気づきを与えてくれました。考えてみれば、身近にいる優れた指導者、コーチはみな、子どもたちに一方的に技術を教えるのではなく、会話を重ねることで自発的なやる気を引き出していたのです。

それからはスクールに通うスクール生のためにイチから勉強のやり直しです。スポーツの技術だけでなく、コミュニケーションスキル、心理学、ビジネスコーチングなどさまざまな分野の情報に接し、ついには大きなきっかけを与えてくれたマツダミヒロさんの〝カバン持ち〟として、弟子入りさせてもらうことになったのです。

それからは、指導やコーチングに対する考えが大きく変わりました。

コーチとは「その人が行きたいところに行く手助けをする」サポーターであること。

そのためには質問をしてその人の心や考えを知らなければいけないこと。結局答えはコーチング対象（スポーツの場合なら選手）の中にしかないという気づきは、私の指導のあり方を一変させるものでした。

"しつもん"でコミュニケーションが変わる

この本では、いくつかの"しつもん"の例を見ていくことで、"しつもん"を使ったコミュニケーション術を説明してきます。"しつもん"について知ってもらうには、実際の指導現場で起きている問題やコミュニケーションのギャップを見ていただくのが一番でしょう。

〈例〉――サッカーの試合中、ある選手がパスミスをしました。

❶なんであのときパスしたの?
❷あのパスを出したとき、どんなことを考えていたの?

あなたなら❶と❷のどちらに近い言葉をかけるでしょう?

これからこの本を通してみなさんにご紹介する"しつもん"は、子どもたちとの会話やコミュニケーションを深め、子どもたち自身が答えを考えるようなきっかけを与える

［目次］

ものです。

❶の問いかけは、「なぜ？」と理由を聞いていますが、パスをしたこと、そのパスがミスにつながったことをとがめる響きを持っています。指導者の中には、パスミスの瞬間に「なんでパスしたんだ！」とより感情的な言葉を投げかけている人もいるかもしれません。こうした問いかけは、選手に意見を求めているようで、一方的に大人の意見を押しつけることにもなりかねません。

「なんであのときパスしたの？」

「すみませんでした」

という言葉のやりとりは会話とは呼べません。その後、「理由を言いなさい」や「根拠はなんなの？」と詰め寄っても、選手とコミュニケートしているとは言い難いでしょう。

一方で、❷の問いかけは、子ども自身の心の中にしか答えがありません。出てくる答えは、選手の正直な気持ちですから、そのときなにを考えてプレーしていたか、本当はどうしたかったかを知ることができます。

指導者や保護者はこの答えを受けて「**どうしたらよかったと思う?**」と次の〝しつもん〟で会話を続けることができます。**この会話で、ミスの原因を選手自ら追究し、対策法や改善策も自分で考えるきっかけを与えるチャンスを得たわけです。**

まずはサッカーを例に〝しつもん〟の効果の一例を見てもらいましたが、こうした〝しつもん〟が生む、子どもたちとの会話やコミュニケーションは多くのスポーツ、そしてスポーツ以外の習い事や勉強、日常生活でも効果を発揮します。

実例で見ていただいたように、「質問」には相手を問い詰めるような〝詰問〟や取り調べのように問いただす〝尋問〟、自分の持っている答えに相手を誘導する〝誘導尋問〟などさまざまな形態があります。

しつもんメンタルトレーニングでは、詰問や尋問、誘導尋問と、正しく相手の心を引き出す〝しつもん〟を分けて考えます。ひらがなの〝しつもん〟は、後者とすることを本書の中での定義とさせてください。

〝しつもん〟で変わるのは子どもだけではない

〝しつもん〟という方法、そしてその考え方や価値観に触れることで、大きく変わったのは、子どもたちへの接し方だけではありません。こうしてしつもんメンタルトレーニングを本にまとめる機会をいただいて改めて考えたことは、「もしかしたら、いちばん変わったのは私自身なのかもしれないなぁ」ということです。

もっとも大きな変化は「わからないことが楽しくなった！」ことです。

ごく普通の家庭に育ち、普通に遊んで、勉強して、サッカーを続けてきた私は、ごくごく普通に「わからないことは恥ずかしいこと、わかっていることが良いこと」という価値観を持って育ちました。テストで解答が出せないこと、聞かれたことに答えられない自分を責め、恥ずかしいと思って生きてきたのですが、〝しつもん〟に出会ってからは、わからないことがあっても、恥ずかしがるより先に「知りたい！」という好奇心が湧き上がってくるようになりました。

師匠であるマツダミヒロさんのカバン持ちをしていたとき、ミヒロさんは私に「ああしろ、こうしろ」と指示を与えてくれませんでした。

一日の終わりに必ず「今日はどうだった？」と私に問いかけるだけ。なにをどう答えていいかわからず、はじめのうちは戸惑いましたが、徐々にその問いかけに自分なりの振り返りで答え、会話を重ねる中で次の準備ができるようになったのです。

……今日の会はラフな会だったからいつもの服装で済んだ。浮いてなかったよな？

でも明日はどんな会だろう？……

「ミヒロさん、明日はどんな会ですか？　ドレスコードなどはありますか？」

毎日投げかけられる〝しつもん〟に答えることで、自然に自分で考えてミヒロさんとの会話を深めていく努力をするようになっていったのです。

この本は、読者であるみなさんにも七つの〝しつもん〟をします。そして、それに答えてもらうことで、子どもたちを輝かせる「しつもん力」を身に付けられる構成としています。

良い〝しつもん〟には、子どもたちの

魅力を引き出す力
やる気を引き出す力
本来持っている力を引き出す力
あなたと子どもたちのコミュニケーションを円滑にする力

があります。

その子がいちばん輝ける未来のために、ぜひ、しつもんを役立ててください。

藤代圭一

第1章

〝しつもん〟ですべてが動き出す

しつもん1

この本を読み終わったときに、どうなっていたら最高ですか？

はじめのしつもんは、この本を読んでいるあなた自身に問いかけたいと思います。

「スポーツをはじめた子どものため」

「コーチとして選手を指導したい」

「学校の生徒への指導のヒントにしたい」

「子育てに役立てたい」

この本を手にとった理由は人それぞれだと思います。

「なぜこの本が気になったのかな?」

その理由を思い返し、明確にしてもらうためにも、まずは「この本を読み終わった後、どうなっていたら最高ですか?」というしつもんと向き合ってみてください。

もしかしたら、自分でも気がついていなかった本当の理由や、「なりたい自分の姿」が見えてくるかもしれませんよ。

ゴールを決める質問で目標を設定しよう

最初のしつもんは、何かを変えるための第一歩、「ゴールを決めるしつもん」です。

「どんな自分になりたいだろう？」

「どんな人に囲まれたいだろう？」

「どんな体験や経験をしたいだろう？」

そんな問いかけを自分自身にしてみてください。

「変えたいのは子どもたちで自分じゃないんだけど？」と思う人もいるでしょう。そんなあなたは、本を読み終えた自分とその傍らにいる子ども、その子どもと接する自分がどうなっているかを思い浮かべましょう。

ゴールを明確にイメージすることで、あなたとあなたを取り巻くことやもの、人が少しずつ、でも確実に変わりはじめるはずです。

足がとびっきり速いウサギと、足がとびっきり遅いカメ。

そんな一羽と一匹が、山の頂上をめがけて競争することになりました。

足が速いウサギは途中で居眠り。それを横目にカメはゆっくりだけど休まず、着実に進んで、先にゴールしました。

みなさんもご存知のイソップ童話でおなじみの『ウサギとカメ』の寓話です。「油断大敵」「過信は禁物」などさまざまな教訓を与えてくれる逸話として日本でも広く知られていますが、このお話を使ってしつもんのウォーミングアップをしてみましょう。

「ウサギが見ていたのはなんですか？　また、カメはなにを見ていたでしょう？」

さて、あなたの頭にはどんな答えが浮かんでいるでしょう？

ウサギが見ていたのはカメかもしれません。ウサギにとってのカメは、ライバルとか競争相手に当たります。

一方、カメが見ていたのはゴールです。先を行くウサギのことよりも、目的地であるゴールだけを見て、歩みを進めました。

競争相手を見て「リードしているから居眠りしても大丈夫」とたかをくくったウサギと、ウサギの動きに惑わされることなく、ただゴールだけを目指して足を動かし続けたカメ。勝負を分けたのは両者の「見ているもの」の違いだったというお話です。

あなたが見ているのは、競争相手でしょうか？　それとも目標やゴールでしょうか？

ふだんの生活でも、私たちはついつい他人のことが気になります。

子どものことに置き換えれば「あの子はテストで一〇〇点取ってるのに」「あの子はサッカーで選抜チームに選ばれたらしい」と他人の成果ばかりを気にして、「なのにうちの子は……」と、比べてしまいます。

ウサギとカメの逸話は、競争相手のことばかりを見ることで、もっとも大切な目標やゴールを見失うことがあるという教訓を含んでいました。

ウサギ的思考では、「こうなりたい」と思って描いた目標やゴールが、近所の子、クラスメートに勝つことにすり替わり、なんのためにがんばっているのかわからない状態になってしまいます。

ゴールへ向かう近道は、カメ的思考でゴールを見据え、たとえゆっくりに見えても、自分なりのスピードで、けれど着実に歩みを進めることではないでしょうか？　他人と比べることで、自分の思い描く本当のゴールを見失うこともあるのです。

さて、ウサギとカメの話を「しつもんのウォーミングアップ」にしたのには二つ理由があります。ひとつは目標を意識して進むことの大切さを伝えたかったことです。

そしてもうひとつは、しつもんをする際の重要なルールをみなさんにお知らせするためです。

しつもんの三つのルール

この本で紹介するしつもんは、相手のやる気や魅力を引き出したり、会話やコミュニケーションを深める問いかけです。

聞き方やシチュエーション、また、どんな状態で、誰が聞くか？ ということも大切なのですが、それはもう少し後でお話しするとして、しつもんをする側のちょっとしたコツを紹介しようと思います。

いま、ちょっとしたコツと言いましたが、これから子どもたちにしつもんをしてみようという、〝質問初心者〟のみなさんにとっては、もしかしたらそれ以上に大切なことかもしれません。しつもんをする際の三つのコツは、必ず守って欲しいルールでもあるのです。

〈ルール1〉答えはすべて正解

しつもんのウォーミングアップとして紹介した『ウサギとカメ』のお話ですが、あのときのしつもんは、「ウサギが見ていたのはなんですか？　また、カメはなにを見ていたでしょう？」でした。

目標設定の大切さを知ってもらうために、〝大人バージョン〟の答えで話を進めましたが、トレーニングや講習をおこなっていると、主に子どもたちからこちらの想定していない、創造力豊かで楽しい答えが返ってくることも少なくありません。

一例を紹介すると「ウサギさんは寝ていたので、夢を見ていたと思います」。

こう話してくれたのは小学一年生の男の子。たしかに亀が通り過ぎるのにも気づかずに寝ていたウサギは夢を見ていたのかもしれませんね。

「ウサギは女の子で、カメは男の子なの。だから、きっと二人は見つめ合っていたんじゃないかな」

こんなロマンティックな答えを返してくれたのは小学四年生の女の子。かわいらしい解答ですよね。

この答えを聞いてあなたはどう感じたでしょう？ もし、私が時間きっかりのペース配分で、自分の構想通りに伝えたいことを話す講演会のプロ（？）だったら、想定外の答えは少し困りますよね。そんな答えは無視して、自分がこれから話したいこと、意図した答えを発言してくれる人を指名し直すかもしれません。

でも、しつもんの目的のひとつは、会話をしてコミュニケーションを取り、相手の中にある考えや思いを引き出すことです。

しつもんに対する答えには〝正解〟がありません。大人の常識や、しつもんした人の意図や思惑は関係ありません。要するに、しつもんに答える人の口から発せられた言葉すべてが正解なのです。

〈ルール2〉「わからない」も正解

「どんな答えもすべて正解」というひとつ目のルールは、子どもの意見を尊重することですから、〝しつもん初心者〟にも実践しやすいかもしれません。子どもたち相手のしつもんで難しいのは、答えが返ってこないときです。

「やりたいと言ってはじめたのにやる気が見られない」

「なにを聞いてもなかなか答えが返ってこない」

「自分の意見を言えない子が多い」

保護者の方や、スポーツチームのコーチ、学校の先生に至るまで、子どもたちと接する機会の多い大人のみなさんからこんなお悩み相談が届きます。

突拍子もない答えを返してくる活発な子どもは、意見を言うから心の内を理解できるけど、なにも言わない、または「わからない」としか言わない子どもは、こちらもなにも知りようがない。

知る手段がないのですから、大人たちの戸惑いは当然ですよね。でも、なにも言わない子や「わからない」と答える子が、なにも考えていないかというと、それもまた違います。

しつもんは、相手の心の内を引き出す効果もありますが、しつもんをする人が答えを知るためにするものではありません。子どもの意見を知ろうとするのは、一見すると子どもたちのためのようでいて、実は「それを知りたい」大人のためです。大切なのは、しつもんによって子どもが「考える」ことなのです。

「わかんない」と困った表情を浮かべる子どもも、しつもんによってそのことを真剣に考えています。目には見えなくても考えはじめることは、変化への第一歩。子どもの心の中で起こる小さなうねりを邪魔しないことも大人の大切な役目なのです。

〈ルール3〉　他の人の答えを受け止める

トレーニングや講演などで、グループワークに取り組んでもらう際には必ず三つのルールを最初にお話しします。

たとえば一対一でお互いにしつもんをしてもらうときに、大きな障害になるのが「気恥ずかしさ」と「価値観の違い」です。日本人は総じてシャイだと言われていますし、初対面だったら気恥ずかしさがあって当然です。

それをほぐすために「アイスブレイク」と呼ばれる、ミニゲームをおこなったりもします。ゲームを進めていくと文字通り氷（アイス）がとける（ブレイク）ように、会場に笑顔が見られるようになるのです。

私がよくおこなうのは、お互いの名前を覚えるためのアイスブレイクです。ニックネームやふだん呼ばれている名前を伝え合うことで、それまで見知らぬ他人だったとなりの人に興味を持ってもらうこともひとつの狙いです。

しつもんはただ機械的に聞けば良いというものではありません。しつもんをする人が、相手に興味を持って聞くことも大切にして欲しい点です。

ここからが三つめのルールの本題ですが、興味を持った上で、相手の答えを「受け止めて」欲しいのです。

当然、自分とは違う価値観を持っている人もいるでしょう。たとえその人が自分の意見とは一八〇度違うことを答えたとしても、その答えを「受け止める」というのが三つめのルールです。

このルールには少し補足が必要です。

考え方がまったく違う人の答えをすべて肯定するのは誰でも抵抗があります。ルールがあえて「受け止める」となっているのにはちゃんと意味があるのです。自分の考えを押し殺して、返ってきた答えをすべて「受け入れる」のは不可能ですし、その後に続く会話を重要視するしつもんのためにもなりません。

しつもんをした人は、返ってきた答えをあくまで「受け止める」だけでいいのです。

「受け入れる」は、自分の考えと異なる意見でも、心の中に入れて、同意することです。「受け止める」は、相手の価値観や意見を理解することです。

「受け入れる」と「受け止める」は似ているようで大きく違うので、その点は注意してください。

良い目標を立てるための四つのしつもん

しつもんをするためにとても大切な三つのルールを紹介したところで、話を最初のしつもん「この本を読み終わっていたときに、どうなっていたら最高ですか？」に戻しましょう。

このしつもんの場合は、本を読んでくれているあなたに私からしつもんしている形になるので、ルールを守るのは私の方になります。

どんな答えでも正解ですし、いまはまだわからなくてもOKです。どんな答えでも「そうだよね」と受け止めてもらえると思って自由に発想してください。

しつもんの大前提ができたところで、いよいよ次のステップに進みましょう。

目標やゴールを設定する大切さについては、『ウサギとカメ』の例でお話しした通りです。この本でみなさんにした最初のしつもんにも、「なりたい自分」を明確に思い浮かべて欲しいという想いが隠されています。

目標やゴール設定ができたら、後はそれに向かって今日できること、いまできることをやっていくだけなのですが、このプロセスがなかなかうまく進みません。せっかく立てた目標を目の前にしてもちっとも行動が生まれない子どもたちに、「努力不足」「やる気がないから」と怒ってしまうのは簡単ですが、その前に目標自体を見直してみる必要があるかもしれません。

「野球がうまくなりたい」「将来、サッカーの日本代表に入りたい」

同じ目標を立てた子どもでも、毎日の練習をなんとなくこなしている子どもと、「リフティングが五回しかできないから、一〇回できるようになろう」と具体的な目標を立てて練習する子とでは、上達のスピードが目に見えて違います。

子どもたちを見ていると、スポーツの上達度合いは、生まれ持っての才能よりも、こうした目標の立て方の違いによるところの方が大きいように感じます。

一〇年後の目標、五年後の目標、三年後、一年後、半年、一カ月後、来週、明日、今日、この時間といろいろなスパンの目標があります。それぞれできることをしっかり逆算して考えることが大切ですが、子どもたちに「しっかり考えて目標を立てるように」と言ってもなかなかそれは伝わりません。そんなときこそ、しつもんの出番です。

しつもんで行動に移しやすい、良い目標を立てる方法を紹介しましょう。次の四つのしつもんを子どもたちにしてみてください。

しつもん❶　一カ月後、どうなっていたら最高ですか？
しつもん❷　目標を達成すると、どんな良いことがありますか？
しつもん❸　目標を達成するために、どんな壁があらわれますか？
しつもん❹　どのようにすれば、その壁を乗り越えることができますか？

目標を設定しても、それに向かって努力し続けるのは簡単なことではありません。目標を達成するために大切にしたいポイントは二つ。

ひとつ目は、達成することで、どんな良いことがあるのかイメージすることです。目標を達成すると、どんなに最高の気分になるのかを鮮明にイメージし、具体的に想像することが子どもたちのやる気を高めてくれます。

もうひとつのポイントは、乗り越えるステップを前向きに考えることです。

子どもたちが立てた目標、それが「県大会で優勝する」でも、「得点王になる」でも、やる気が続かないかもしれないし、ケガをしてしまうかもしれません。でも、どんな壁があらわれるかをイメージしておけば、対策を考えることができます。

四つのしつもんをすることで、目標を達成すると得られる良いことと、目標達成の前に立ちはだかる壁が明らかになります。

具体的な目標と、それを邪魔しそうなことについて考えることで、子どもたちにとって目標は〝夢〟ではなくもっと現実的な「やりたいこと」に変わっていきます。

四つのしつもん、ぜひお子さんと一緒に取り組んでみてください。その際は、声に出して答えるだけでなく、答えを紙に書き出してみてください。自分の頭の中にあることを紙に書き出すことで、整理ができたり、新しい発見があります。

チームを持つコーチや監督さんはもう一段進んで、チーム全体で答えをシェア（伝え合う）してみるのも効果的です。お互いの考えを共有することで、チーム内のコミュニケーションが自然と生まれるはずです。

「やらなきゃ」から「やりたい！」に

「うちの子はどうやらサッカーをプレーするんじゃなくて見る方が好きみたいなんですよ」

二年前、長野県の講習会場であるお父さんからこんな相談を受けました。

「選手名鑑や選手カードを見るのが大好きで、ヨーロッパサッカーの選手もすごく詳しいんです。でも、サッカーはあまりうまい方ではなくて、レギュラーでもありません。練習を見ていても楽しそうじゃないんですよね」

サッカーが好きだけどサッカーの練習は楽しそうじゃない。うーん、これは困りましたね。ちなみにお父さんは「せっかくだからプレーの方ももう少し楽しく、一生懸命やっている姿を見たい」とのこと。

「見るのが好きなのは悪いことじゃないし、プレーしろとも言えないし」

お父さんの胸中を思うと複雑ですが、まずはお子さんにしつもんをしながら、目標を立てることを薦めてみました。

数カ月後、そのお父さんと再会する機会がありました。

「いきなりサッカーがうまくなったわけではありませんけど、Bチームでレギュラーになれて、いまは楽しそうにサッカーをしています」

お父さんも最初に相談してきたときとは別人のような笑顔です。その子にはどんな変化があったのでしょう?

その子が立てたいちばん最初の目標は「みんなと仲良くサッカーをすること」でした。

すると、練習のときの表情がいままでと変わってきたのです。

それまでの彼は、「もっとうまくならなきゃ」「レギュラーにならなきゃ」と「～しなければいけない」という考えでサッカーをしていました。「～しなければいけない」というhave toの思考からは良い結果は生まれません。

実際に、みんなと仲良くサッカーをするという自分の願いを目標にした彼は、練習にも楽しく取り組めるようになり、結果としてBチームで試合に出場することができるまでに成長したのです。

「次の目標をしつもんしたら『Aチームでプレーしたい！』って言うんですよ」

have toから自分が望むwantへ。

最近は自分で考えること、子どもの自主性や主体性を大切にする指導が増えてきていますが、「自分で考えろ！」といくら言っても、「自分で考えなきゃ」と焦る子どもたちを量産するだけです。

しつもんをうまく使って、自分が本当にしたいこと、求めることを引き出すことができれば、子どもたちの目標はすべて自発的、内発的なものに変わっていくのです。

目標、ゴールに向かう持続力

この章では主に目標の立て方について話を進めてきました。

「ぼくは大人になったら、世界一のサッカー選手になりたいと言うよりなる」という書き出しからはじまり、セリエAで10番を背負ってプレーすることまで〝予言〟していた本田圭佑選手（ACミラン）の卒業文集を目にしたことがある人もいるでしょう。

「将来の夢」というその文集の中には、

「世界一になるには、世界一練習しないとダメだ。だから、今、ぼくはガンバっている。今はヘタだけれどガンバッて必ず世界一になる」

という、世界一になるための壁とその壁を乗り越える努力が盛り込まれていることにも驚かされます。

同じように野球のスーパースター、イチロー選手の卒業文集も「一流のプロ野球選手」という明確な目標と、そこに至るまでの道のり、「三六五日中、三六〇日は、はげしい練習をやっています」という努力の方法が示されています。

「世界一のサッカー選手」や「一流のプロ野球選手」という目標を持つ小学生は、日本中にたくさんいます。でも、そうなれる選手たちは、大きな目標を掲げると同時に、そこに至るプロセスを逆算し、立ちはだかるであろう壁、自分に必要なものを明確に描いていたのです。

目標やゴール、夢を持つのは誰にでもできますが、その夢を持続するための推進力を持ち続けられる人は多くありません。

人間は「習慣の生き物」だと言います。習慣で動いている私たちには、心のどこかに「現状を維持したい」という欲求があるようです。だからこそ、目標を目指し続け、行動していくためには、強く〝そう思える理由〟が必要です。

「いちばん大切なことはなんだろう？」と考え続け、その結果が「そのために優先する行動はなんだろう？」「どうすれば行動できるだろう？」という答えに結びつくようにすることで、夢に向かって努力するための質の高いエネルギーが生まれます。それを自発的に引き出すためのしつもんは、子どもたちが自ら進みたい道を探し出すためのコンパスのような役割を果たしてくれるのです。

［第1章］まとめ

◉しつもんの3ルール

・答えはすべて正解
・わからないも正解
・他の人の答えを受け止める

◉才能よりも目標の立て方で子どもは大きく変わる

〈良い目標を立てるための4つのしつもん〉

❶1カ月後、どうなっていたら最高ですか？
❷目標を達成すると、どんな良いことがありますか？
❸目標を達成するために、どんな壁があらわれますか？
❹どのようにすれば、その壁を乗り越えることができますか？

◉「〜したい（want）」をしつもんで引き出すことで、子どもの行動が自発的になる

第2章

しつもんで変わる子どもたち

しつもん②

子どもたちは、どんな自分になりたいと思っていますか？

お父さん、お母さんは自分たちの子ども、コーチや先生は指導している生徒を思い浮かべてみてください。あなたは彼らにどうなって欲しいと思って接していますか？

しつもん二問目にして、かなりの難題になってしまいましたが、まずは素直に感じたことを思い浮かべてください。どんな答えが出てきたでしょう？

出てきた答えはあなたの「こうなって欲しい」という願望や希望でしょうか？それとも子どもたちの「こうなりたい」という願いだったでしょうか？　自分の願望だったという人は、できれば子どもたちがどうなりたいかに寄り添って、もう一度しつもんに向き合ってみてください。

そして、子どもの気持ちに沿って答えたという人にも、もう一度しつもんします。

「本当に？」

子どもが本当に願っていることを知る

親やコーチが望むレールの上を歩かせることが子どもの自主性や主体性を奪うことは、多くの方にすんなり受け入れてもらえるのではないでしょうか？

親やコーチの経験に基づいた価値観で、「こうしなさい」「こうすべき」と言われて育った子どもたちは、他にやりたいことがあったかもしれないし、その分野で輝く未来への可能性があったかもしれません。

こうしたわかりやすい「過保護」の例は、いまだに多く見られるものの、子どもの成長に良くないこと、なぜ良くないのかという理由も広く知られるようになってきました。セミナーや講演で全国を回らせていただく中で接する方の様子を見ていても、〝押しつけ型〟の大人はずいぶん少なくなっています。現在では「子どもたちのやりたいことを尊重する」という親やコーチの方が多くなっているのです。

しかし一方で、子どもたちの思いを尊重しているのに、子どもたちはそれに答えてくれないという話もよく耳にします。

はじめは、遊びの延長線上ではじめたスポーツも、やがて地元のクラブや少年団に所属するようになり、親の協力なしには成り立たないようになってきます。そこで、親から見て、子どもたちにやる気が見られないと「野球がやりたい、うまくなりたいと言うから送り迎えや当番に協力しているのに」という思いが頭をもたげてくるのです。

親やコーチは子どもたちの望むことを叶えてあげたいと思い、それに向かって協力を惜しまないものです。しかし、自分が努力すると同時に、当事者である子どもたちにも努力を促します。

章の最初に掲げたしつもんに答えるのが難しいと言ったのは、子どもが本当にそう思っているかどうかは、その子自身にしかわからないということです。

「子どもたちはどうなりたいと思っているか？」というしつもんに向き合うことは、親やコーチの理想や願望を押しつけることではなく、子どもの本当の気持ちにできるだけ近づくことなのです。

「たぶん」「きっと」をなくす

お父さんお母さんが子どもたちに「スポーツを一生懸命やって欲しい」と願うのはなぜでしょう？

お父さんがそのスポーツをやっていたから、チームスポーツで協調性を身につけて欲しいから、など理由はたくさんありますが、スポーツをはじめた動機を聞いてみると、「子どもがやりたいと言ったからやらせてあげたい」という〝子ども発信〟であることが多いのです。

「こんなに毎日練習に行ってるんだから…たぶんレギュラーになりたいんだよね？」

「サッカー好きなんだよね？　だから…きっとうまくなりたいんだよね？」

その「たぶん」や「きっと」は、子どもたちの気持ちを〝わかったつもり〟になっている危険信号です。

子どもたちのしたいこと、やりたいことをイメージしたときに「たぶん」「きっと」という言葉が口から出てくるのは、子ども自身がどうしたいのかという心の声を聞いたことがないからかもしれません。

「実力は問題ないんですが、チームとうまくいってなくて、いまはセカンドチームにいるんですよ」

あるとき中学校三年生のお母さんからこんな相談を受けました。小学生年代のときにナショナルトレーニングセンターに参加するなど、サッカーの実力はコーチもチームメイトも認めているにもかかわらず、トップチームのチームメイトとどうも反りが合わない。お母さんは「もう一度トップチームに戻るためにはどうしたらいいでしょう？」と相談にきてくれました。

私がまずたしかめなければと思ったのは「本人はどうしたいのだろう？」ということです。そこで、お母さんとは別に、その男の子にも話を聞いてみることにしました。

「いま、セカンドチームでプレーしているんだってね。最近はどう？」

その子は私のしつもんに少しの沈黙の後、こんなふうに答えてくれました。

「いまのチームで友達とプレーするのが楽しい。トップチームでプレーするより、楽しくサッカーがしたい」

つまり、子どもの思いは、お母さんが「こうだろう」と思っていたこととはまったく違いました。「たぶん、トップチームに戻りたいに違いない」と思ったお母さんは、息子になにも聞かずに、いまの状況が「悪い」と決めつけて、トップチームに戻れるように励ましたり、方法を探ったりしていたのです。

お母さんに悪気がないどころか、子どもを思うあまりにとってしまった行動だというのは明らかです。でも、そんなお母さんを見たその子は「このチームで楽しくサッカーをしたい」という、自分が本当にしたいことをなかなか言い出せずにいたのです。

この例に限らず、子どもを思うあまり、子どもの気持ちを直接聞くことを忘れてしまうケースや、大人の価値観、思い込みで判断してしまうことは少なくありません。

たとえば、音楽を聴きながら勉強する子どもがいたとします。その子どもに対して、「集中できないから、どちらかにしなさい」と、注意する人はきっと〝自分が〟音楽を聴きながらだと集中できない人なのでしょう。

以前、友人のマンションの共有スペースで、ある女の子と会話をしたことがあります。そのスペースは、ホテルのラウンジのように広々としていて、その子は中央にあるテーブルで勉強をしていました。なぜこんなところで勉強しているんだろう？　と不思議に思って理由を聞くと、彼女は「ここの方が集中できる」と言うのです。

「好きなアーティストの曲を聴きながら勉強したい。家のお部屋だとお母さんがやめなさいって言ってくる。だからプチ家出してるの」

笑いながらそう話す彼女は、好きな音楽で気分をアゲた方がはかどるのに、お母さんはまったく取り合ってくれず、そんなはずはないと、音楽を止めるように言ってくると不満げでした。

お母さんはそうじゃない。お父さんはそうじゃない。自分はそう思わない。そんな価値観で接していると、子どもたちの気持ちからどんどん離れていってしまいます。

そういう私も、教育先進国として知られるフィンランドの学校の教室にソファやドラムセットがあって、そこで勉強をしてもいいし、立って勉強をしてもいいということを聞いたときには驚きました。その教室をなにも知らずに見たら、〝学級崩壊〟にもうつりますよね。

でも大丈夫、フィンランドの先生たちは子ども一人ひとりをじっくりと観察し、対話を重ね、その子がどうやったら勉強に集中できるかをちゃんと知っているのです。

机に座っての勉強が必ずしも正解じゃない。だから、机に座りたがらないから勉強を放棄しているとか、勉強が苦手だと決めつける必要はないわけです。

すべては知ることからはじまる

「たぶん」「きっと」をなくして、子どもたちが本当に思っていることに寄り添うためには、子どもたちを知ることが大切です。

身近な人のことでもきちんと「知る」ことは意外に難しいものです。知ってるつもりでも、実は思い込みだったり、勝手に決めつけていたりということは、親子関係だけでなく友人や職場、子ども、大人に関わらず人間関係が存在する限りよく起きることだと思うのです。

スポーツの指導現場でも、選手一人ひとりを知ることがとても大切です。子どもたちがどんなときに集中力が高まるのか、なにに興味があって、どんなことに夢中になっているのか。それらを知ることが、選手の成長を助けるポイントになるのです。


「がんばれー！　もっと走って！　ほらそこー」

スポーツの試合会場でよく耳にする黄色い声援です。お母さんたちは、子どもたちのためについつい応援に力が入ってしまうようですが、名前を呼ばれた子どもは、なぜかうつむき加減で小さくなってプレーしています。

「恥ずかしいからやめてよ！」

お子さんにそんなことを言われたことはありませんか？

以前、サッカーをしているお子さんを持つお母さんから、自分の子どもを大声で応援するのをやめようと思うというメールをいただいたことがあります。これは、私が書いた『「応援」は子どもたち選手の望むカタチで』というメルマガに対しての感想だったのですが、内容を簡単に説明してみましょう。

そのお母さんは、子どもの頃バスケットボールをしていたそうです。子どもたちの望むカタチの応援というキーワードを耳にしたとき、このお母さんは、子どもの頃の記憶が鮮明に蘇ってきたと言います。

私は子どもの頃バスケットをしていて、試合に親が観にくるときは母がきているかを必ず確認していました。母がくると、周りの母親と一緒になって、大声で応援します。私はそれが嫌で嫌で、いつも集中力を欠いていました。私には、私なりの美学があって、応援は静かにただ見守ってくれるだけで良かったのです。大声で私の名前を言われ周りに知られるより、プレーを見てもらって名前を知られたい。このような考えが、小学生ながら、ハッキリとありました。

こんな経験から、私はスポーツをしている娘との関わりを、自分が小学生のときにしてもらいたかった、静かにただ見守るということを意識してしていましたが、メルマガを読んで、子どもたちそれぞれが、どうしてもらいたいかが違うということにいまさらながら気付きました。

どんなカタチを望んでいるのか？　これを知ること。いつも、知ろうとする姿勢でいること。あなたを応援してるよと表現することを意識していきたいと思いました。

お母さんの子ども時代の実体験がとても印象的ですね。

お父さん、お母さん、コーチや指導者、先生も、みんな子どもだった経験を持っています。このお母さんのように、自分が嫌だったこと、お母さんにして欲しかったことを考えることはとても大切なことですよね。


ただ、気をつけて欲しいのが、「自分がそうだったから子どももそうだろう」という経験に基づく決めつけも危険だということです。

子どもたちが、なにかを続けようと思ったときや本番で自分の力を発揮するためには、周囲の大人の応援が欠かせません。けれど、選手が望む応援のカタチで届けないと、保護者の方は一生懸命に応援しているつもりが、反対に選手のやる気や力を奪ってしまっているケースもよく見かけます。これは、とてももったいないことです。

子どもたちが「こんな応援をして欲しい！」という応援のカタチをしっかりと知り、理解し、その方法で伝えることが大切です。

私たち大人も一人ひとり、言われて嬉しい言葉も違えば、大切にしている価値観も違います。子どもたちも一人ひとり、どんなふうに応援されたいかも違います。

「頑張れって言って欲しい」

「側にいて欲しい」

「なにも言わないで見守って欲しい」

応援のカタチは子どもたちの人数分みんな違います。それぞれに合った「望むカタチ」の応援が子どもたちのやる気を引き出すのです。

「知る」ことは「観る」こと

では、どうしたら子どもたちの本当の願いを知ることができるのでしょう？

知るための方法として紹介するのは、もちろん、しつもんをして聞くことですが、その方法はもう少し後で。まずは、しつもんをするための下準備を紹介しましょう。

試合になると練習とは違うプレッシャーを感じ、ふだん通りプレーできない選手もいます。そんな選手に対して「なにやってるんだ！」「どうして練習通りできないんだ！」という声がけは効果的でしょうか？

こう言われても、選手のプレーが良くなることはほとんどなく、よりプレッシャーを感じて萎縮してしまうでしょう。

こういう声をかける保護者の方やコーチは、子どもたちを見ているようで見ていないことが多いのではないかと思います。「試合になると練習とは違うプレッシャーを感じ、ふだん通りプレーできない」と言いましたが、それがわかっていれば、少なくとも「どうして練習通りできないんだ」という言葉は出てこないはずです。

「いやそんなことない。プレーを見ていたからミスしたのがわかるんだ！」

そんな声が聞こえてきそうですが、子どもたちのことを知るために、プレーを見るのではなく、子どもたち自身を〝観て〟欲しいと思うのです。

〝観る〟は、観察するということです。〝見る〟と観察するは似ているようで違います。

観察のプロ、名探偵ホームズがあるとき助手のワトソンに聞きました。

「君は自分の家の階段を観たことはあるか？」

当たり前のことを問われたワトソンは少しムッとしながらこう答えます。

「もちろん何百回と見たことがある」

ホームズはさらに聞きました。

「それでは、その階段は何段ある？」

「……」

ワトソンは答えることができませんでした。彼は当然、自宅の階段を毎日上り下りしていたわけですから、〝見て〟はいました。でも、一階から二階へ、または二階から一階へ移動するというあまりに当たり前の行動を繰り返していたため、足下の階段を観察はしていませんでした。ホームズはワトソンにこう言ったそうです。

「君はただ眼で見るだけで、観察ということをしない。見るのと観察するのとでは大違いなんだ」

子どもたちに目を向けたときも同じことが言えます。

ある選手がエラーをした。これは、誰でも見ることのできる事実です。しかし、ここに「観察する」という視点が加わると、エラーをした選手の様子が見えてきます。

いつもより緊張しているな。集中できていないように見える。

こんな見方ができると、観察していた方の思考がどんどん発展していくのです。

「そうか、彼は試合になると力が発揮できないんだ」「緊張する要因はなんだろう？」

「練習から、試合の緊張感を得ることはできないだろうか」

子どもたちを知ることは観察すること。観察をすることで、見えるのもが増え、プレーの結果だけでなく、子どもたちの内面に迫ることができるようになるのです。

そして、ちょっと一呼吸置いて、子どもたちを観察することができれば、一見するとネガティブな結果にうつる「エラーをしてしまった」ということも、成長をするきっかけのひとつととらえられるのです。

「聞く」ためのポイント

観察することを心がけ、子どもたちの無言のメッセージをできるだけ多く受け取れるようになっても、それだけで本心をわかったとは言えません。

無言のメッセージはあくまでも無言なので、受け取り方によって「たぶん」「きっと」や間違った解釈が出てきてしまうのです。

そこで、実際に子どもたちに「聞く」ことが大切になるのです。つまり、しつもんをしながら、子どもたちと良いコミュニケーションを取れれば、子どもたちが考えていることがよりわかるようになるのです。

聞くと一口に言っても、ただ聞くだけではやはり子どもたちは心を開いてくれません。聞き方にはコツがあるのです。子どもたちの本心を知るための聞き方の基本は、

- **相づちをいれて、うなずく**
- **聞いているよ、という表情で聞く**

・アイコンタクトをしながら話を聞く

の三つです。

これは、しつもんや会話、コミュニケーションを取る際の話を聞く姿勢として常に心に留めて欲しいことです。

それに加えて、子どもたちのことを知るための聞き方の三つのポイントを紹介しましょう。

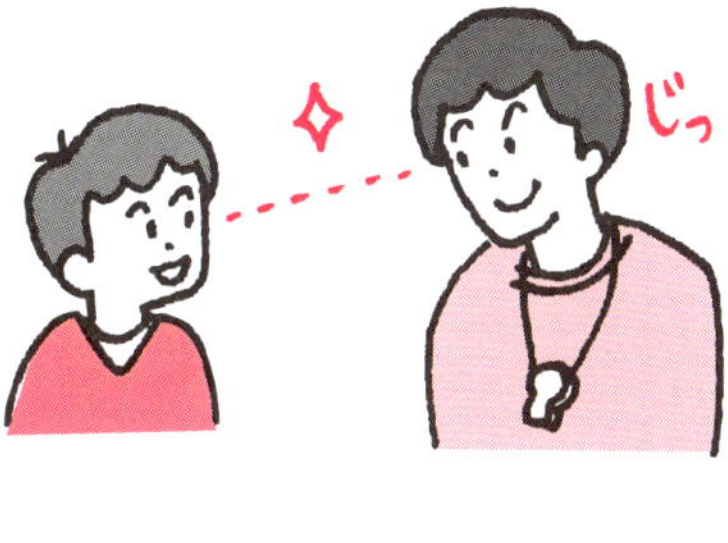

1　相手の話は最後まで必ず聞ききる

簡単なようで、意識をしないとできないのがこれです。子どもが話しているのにそれを遮って話しはじめてしまったことありませんか？　うまく伝えられず、脱線しかけている子どもの話の結論を先に言ってしまったことはありませんか？　子どもたちのことを知りたかったら、まずは最後まで話を聞きましょう。九九％ではなく、一〇〇％。子どもにすべてを話してもらうことです。

2　表情豊かに反応する

相づちを打って、聞いているよという表情で聞くことも大切ですが、内容をきちんと把握して、表情豊かに反応することはそれよりもっと大切です。誰だって「しかめっ面」で話を聞かれたら嫌ですよね。

ただ話を聞けばいいという姿勢で聞いていると、相づちも単調になりがちです。そんな反応では話をしている子どもたちのテンションはどんどん下がっていきます。こんなことが続くと、やがて子どもたちはなにも話をしてくれなくなってしまいます。子どもが話してくれない、親子の会話が減ったという人は、もしかしたら以前の「話の聞き方」に問題があったのかもしれません。

子どもの話やペースに合わせて「いいねー！」「それでそれで？」と、驚いたり、喜んだり、ときには悲しんだりして、喜怒哀楽を素直に表現することが大切です。

3 興味を持って問いかける

聞き上手になるために欠かせないのがしつもんです。ここでは、子どもたちのことを知るために話を聞くということが目的ですから、質問責めはNGです。

ここでのミッションは、「選手に気持ちよく話をしてもらう」ことです。

「それで？」「どうなったの？」

相づちに近いしつもんを、子どもたちの話を遮らないように気をつけながらしてみましょう。

話を引き出すためには、子どもたちの話に興味を持つことが大切です。子どもが「プロの野球選手になりたい！」と話してくれたとしたら、「どこのチームに行きたいんだろう？　巨人？　楽天？　アメリカってこともあるよね。どんな選手になりたいんだろう？」と、こんなふうに頭をフル回転させて想像力を働かせます。「プロの選手」としか言っていない子どもに、他にどんな考えがあるのかを想像することは、その子の話に興味を持つことでもあります。

不思議なことに、こちらが興味を持って問いかけると、それまでポツリポツリとしか話してくれなかった子どもたちが、身を乗り出して話してくれるようになります。

「どんなプロ選手になりたいの？」

この問いかけの前に、想像力を働かせているのといないのとでは、子どもの答えや反応、その後の会話がまったく別のものになるのです。

「君のことをもっと知りたいんだ。興味があってね」

そんな気持ちで想像して問いかけると距離がぐっと近づき、子どもはどんどん心の内を話してくれるようになります。

「この人は熱心に聞いてくれる！」と感じた子どもたちは心を開いて、自分のことをたくさん話してくれます。こうして築いた信頼関係は、その次の行動につながります。

しつもんをする、話を聞くというと、どうしても「なにを聞くか？」に思いがいきがちですが、「どう聞くか？」の方法が間違っていれば、子どもたちは心を開いてくれません。子どもたちのことを知るための「聞き方」の三つのポイントをぜひ、実践してみてください。

ドリームサポーターになろう

「あなたが応援して欲しい人は誰ですか？」

私はよく、セミナーや講習会に参加してくれた子どもたちに、こんなしつもんをします。「お父さん」「お母さん」「コーチ」「監督」「おじいちゃん」「おばあちゃん」「チームメイト」などなど答えはさまざまですが、子どもたちは「身近な人に応援して欲しい！」と思っていることがわかります。

そして、答えてくれた子どもたちに、続けてこんなしつもんをします。

「いま答えてくれた応援して欲しい人に、どんな応援をして欲しいですか？」

「また、どんな応援は嫌ですか？」

私たち大人は、「して欲しい応援」と「して欲しくない、嫌な応援」があることを忘れがちです。どんな応援も愛情や情熱があってのことです。親が子どもに注ぐ無償の愛、指導者、コーチが自分の時間やエネルギーを使って選手をサポートすること、先生が教え子を思う気持ち……。応援することはとても尊いですし、素晴らしいことだと思います。

しかし、「して欲しくない、嫌な応援」は、子どもたちのやる気や自信を奪っている可能性があるのです。

子どもたちが望むように、ポジティブな言葉をかける方が良いのは明らかですが、うまくいかないときは「愛情ゆえ」ついつい厳しい言葉をかけることもあるかもしれません。しかし、ネガティブな声がけは百害あって一利なし。それどころか、子どもたちの将来の可能性を狭めてしまう危険性もあるのです。

〝ドリームキラー〟という言葉を知っていますか？　「夢を殺す」とは物騒ですが、夢や目標を叶えようと、なにかに挑戦しようとするときに邪魔をする人たちのことをドリームキラーと言います。

目標に向かって何かをやろうすると聞こえてくる声。

「お前にはムリ」「どうせできないよ」「こんなこともできてないでしょ」「うちの子はダメですよー」「うちの子、全然できなくて」「なにやってんだ」「言った通りにしろ」「どうせ勝てない」「一勝できれば上出来」「やめちまえ」「バカなこと言ってないで、ちゃんとやりなさい」

こんな言葉をかけられたら、どんなにやる気に溢れた人でも「やっぱり無理なのかも……」と弱気になってしまいます。

もしかしたら、これを読んでくださっているあなたもドリームキラーの一言で、せっかくの夢や目標、やる気をそがれた経験があるかもしれません。

誰だって子どもたちの夢を奪うドリームキラーにはなりたくありません。

では、どんな人がドリームキラーになるのか？　実は、子どもたちに期待や思い、愛情をかける親やコーチなど、身近な人ほどドリームキラーになる可能性が高いのです。

子どもたちにしてみれば、いちばん応援して欲しい人たちに、自分が「して欲しくない、嫌な応援」をされてしまうわけですから、たまったものではありません。

未来がどうなるかは、私たち大人にもわかりません。子どもたちの未来がどうなるかは、まだ誰にもわからないのです。その手助けができるのは、近くで見守る親やコーチです。親やコーチは、子どもたちが、「して欲しい応援」をしてあげることで、夢をサポートする〝ドリームサポーター〟になることができます。

子どもたちの「こうなりたい！」に対して、「どうしたらなれるかな？」と問いかけ、「信じてるよ！」「できるよ！」と勇気づけ、見守り、背中を押すドリームサポーターにぜひなってください。

〈あなたは大丈夫？　ドリームキラー度チェック〉

- □子どもができることより、できないことが気になる
- □「お前には無理」「どうせできない」「それは不可能」と子どもに言ったことがある
- □子どもにはできるだけ苦労して欲しくないと思っている
- □「もっと現実的に考えなさい」と言ってしまった
- □才能がないならやめさせたいと思っている
- □トンビはタカを生まないと思う

□チームメイトや他の子どもと比べてしまう
□結果ばかりを気にして、取り組み方を認めてあげていない
□それは誰もやったことがないから「無理」と考えがちである
□お前のせいで負けたと責任を押しつけたことがある
□子どもの可能性を応援するよりも、否定ばかりしてしまう
□お前の代わりはいくらでもいると伝えてしまったことがある

五つ以上にチェックが入る方はふだんの考え方をちょっと見直してみてください。

「ポケモンマスターになりたい」

子どもの夢を奪い、成長を止めてしまうかもしれないドリームキラーにならないためにもしつもんが役立ちます。

第1章で紹介した、しつもんの重要な三つのルールを覚えているでしょうか？　その中に「答えはすべて正解」というものがありました。

子どもたちの出した答えを否定せず、しつもんをしてみる。大人から見れば、「？」な答えでも、話を聞いてみると「なるほど」と納得することもあるのです。「答えはすべ

て正解」なのは、先入観や思い込みで子どもたちの心を勝手に決めてしまわないためでもあります。

私がある高校で、しつもんをしたときのことです。

「将来の夢を教えてください。なんでも叶えられるとしたらなにを叶えたい？」

事前に先生から進路指導を意識した話をして欲しいとのオーダーがあったこともあり、私は生徒たちの目標や夢を知りたいと思っていました。将来の夢を具体的に描いている生徒、まだ見つけられていない生徒、いろいろな生徒がいますが、ある生徒の答えはとてもユニークでした。

「ポケモンマスターになりたい」

教室にいた先生は苦笑い。私もはじめは少しびっくりしました。でも、しつもんに対する答えはすべてが正解です。

「どうしてポケモンマスターになりたいの？」

彼の答えに興味を引かれた私は、彼がどうしてポケモンマスターになりたいのかを聞いてみることにしていました。

「ポケモンマスターになって、まだ誰も見たことのない生き物を発見したい」

彼は動物や昆虫などの生き物が大好きで、新しいポケモンを次々にゲットしていくポケモンマスターのように、まだ誰も見たことのない不思議な生き物や新種生物をみんなに紹介したいという夢を持っていたのです。

「ポケモンマスターになりたい」という言葉だけを聞いて判断していたら、「もう少し真面目に考えろ」とか「アニメの中の話じゃないか」と言ってしまっていたでしょう。その時点で、私は彼にとってのドリームキラーになっていた可能性もあるわけです。

でも、「なぜ?」「どうして?」としつもんをして、彼の真意を知ることができました。ここまで聞けば、突拍子もない夢に思えた「ポケモンマスター」も、進路に結びつく立派な夢、将来への道筋につながるのです。

［第2章］まとめ

◉子どもを知るためには、
「見る」のではなく「観る」ことが大切

◉「どう聞くか？」の方法を間違うと、
子どもは本心を開かない

〈聞き方のポイント〉

❶相手の話は最後まで必ず聞ききる
❷表情豊かに反応する
❸興味を持って問いかける

◉ドリームキラーになるのは実は
「親」や「コーチ」など身近な大人。
あなたは大丈夫？

第3章

子どもがやる気になるしつもん

しつもん③

あなたが
なんでも叶えられるとしたら、
なにを叶えたいですか？

いま、いちばんしたいこと、叶えたいことを思い浮かべてください。

このしつもんには、時間やお金などの制限は一切ありません。

いまの自分が〝できること〟ではなく、〝したいこと〟、〝叶えたいこと〟を目一杯の想像力を働かせて思い浮かべて欲しいのです。

「なんでも叶えられる」

そう言われても、ついついいつものクセで、できそうなことから第一候補を探してしまうものです。私たち人間は、これまでの経験や自分の置かれている現状の延長線上で夢や目標を考えてしまいがちです。

しかし、本当にやりたいことは常識や自分の枠を外したちょっと先にあったりします。

あなたも頭の中のリミッターを外して、このしつもんに答えてみてください。

会話がないのは「興味がない」から

「なにを聞いても『別に』とか『うん』とか、聞いているんだかいないんだかわからないんです」

子どもたちとのコミュニケーションがうまくいかないという相談をよく受けます。反抗したり、口答えをするというのではなく、そもそも「会話にならない」と嘆く両親やコーチは、〝イマドキ〟の子どもたちとコミュニケーションを取るにはどうしたら良いかと悩んでいるようです。

でも、子どもたちとうまく会話ができないのは、本当に世代や時代のせいなのでしょうか？

私たち大人も、興味のないことには積極的になれません。相手の都合で話をされるより、自分が面白いと思うこと、興味を持っていることについて話す方が会話も弾みます。興味がないことを強引に勧められると、態度に出すかどうかは別にして「拒否反応」が生まれますよね。

あるコーヒーショップで「豆挽きセミナー」を実施していました。店内にいるお客様、一人ひとりに声をかけて、セミナーへの参加を促しています。笑顔で参加する人もいれば断る方もいます。この違いはなんでしょう？

それはもちろん「興味があるかどうか」です。

「家でも美味しいコーヒーが飲みたい！」と思っている人は笑顔で参加し、「友達との会話を楽しみにきた」という方は断っていました。積極的に参加するかどうかは、「興味があるかどうか」にあります。

親子の会話も同じことです。

授業が苦手な子どもは、「今日の授業どうだった？」とお父さん、お母さんがなんの気なしに聞いていても、心の中を探られているようなネガティブな響きに聞こえるかもしれません。こうなってしまうと、もう会話どころではありません。拒否反応が出てしまった子どもたちは、「別に」とか「いいじゃん」と、会話を打ち切ってしまい、話しかけたこちらも「聞いただけなのに、なんで怒っているんだ」と腹を立ててしまうのです。

学校生活に限らず、子どもたちのスポーツの現場はもっと残酷かしれません。

「コーチの話をちゃんと聞こう！」

「コーチがなにをやっているかちゃんと見て！」

「集中しよう！」

いつも大きな声で注意しているコーチは、「近頃の子どもたちは集中力がない」「人の話も聞けないなんて」と嘆いているかもしれません。

でも、ちょっと待ってください。

話を聞かない子どもたちだけが悪いのでしょうか？ 「話を聞かない」と憤るコーチは、子どもたちの興味を引き出せているでしょうか？

たとえば、私自身はふだん、車に乗ることはなく電車を利用して移動しています。車に興味もないので、もし購入することになっても「移動できること」が重要なポイントです。けれど、四歳の甥っ子は車が大好き。見れば、メーカーだけでなく車名まですぐに答えられるのです。


つまり、これらの問題の根っこは「興味のある・なし」が大きく関係しています。興味や関心が持てれば、子どもたちは自然と話をしてくれるようになるし、自発的に行動するようになります。

私が尊敬している方の一人である「空気泡」で有名なでんじろう先生は子どもたちに科学に興味を持ってもらうスペシャリストです。空気泡を前に子どもたちは目を輝かせ、「あれはどうやってつくるんだろう？」と考え、実際につくってみたい！　と自然と行動しはじめるのです。

環境をつくったり、手品を見せたりと、子どもたちに興味を持ってもらうための方法はいくつもあると思いますが、私がオススメするのは、もちろんしつもんです。

しつもんの内容や仕方については後から詳しく説明しますが、コミュニケーションを円滑にするためには、しつもんをする側の意識も大切です。会話を生むためのウォーミングアップとして、章のはじめのしつもんをもう一度思い出してみてください。

自分の中にある「常識」を疑ってみよう

「なんでも叶えられるとしたらなにを叶えたい？」

そう問いかけると、子どもたちは喜んで答えを書きはじめます。

「日本を代表するサッカー選手になりたい」「新体操で金メダルが欲しい」「海外で活躍したい」と、スポーツのことを考える選手もいれば、「トイレが五つある大きなお家に住みたい」「ずっとなくならない命が欲しい！」「ざくざくわいてくるお金がたくさん欲しい」などなど自由な発想で、どんどん「叶えたいこと」を教えてくれます。

このしつもんをすると、子どもたちの頭の中を知ることができるので、私はこの時間をとても楽しみにしています。

こういう話をするときの子どもたちは本当に楽しそうなんです。目を輝かせて、一生懸命に話をしてくれる姿を見ていると、未来を想像してワクワクすることの大切さを実感します。

一方で、実現性や制約、いまなにができるか？　を考えてしまうと、どうしても「できない」という思いが先に立ってしまうんだなあということも強く感じます。

「なんでも叶えられるとしたら、なにを叶えたいですか？」と、しつもんをしたのに、本当にやりたいことではなく、自分にできそうなこと、これくらいならできるかなという〝現実案〟を答えるクセがついてしまっている子どももいます。

将来の夢が「公務員」でも、仕事の内容や理想、その子なりの理由があればいいのですが、ふだんからお父さん、お母さんに「勉強苦手だもんね」「スポーツ選手なんて無理」と言われ続けた結果、周りの反応を気にして答えていたとしたら、とても悲しいことですよね。

大人の決めつけや先入観が、子どもたちのことを知る上で、大きな障害になることは第2章ですでに紹介した通りです。先入観とも関係しますが、子どもたちとのコミュニ

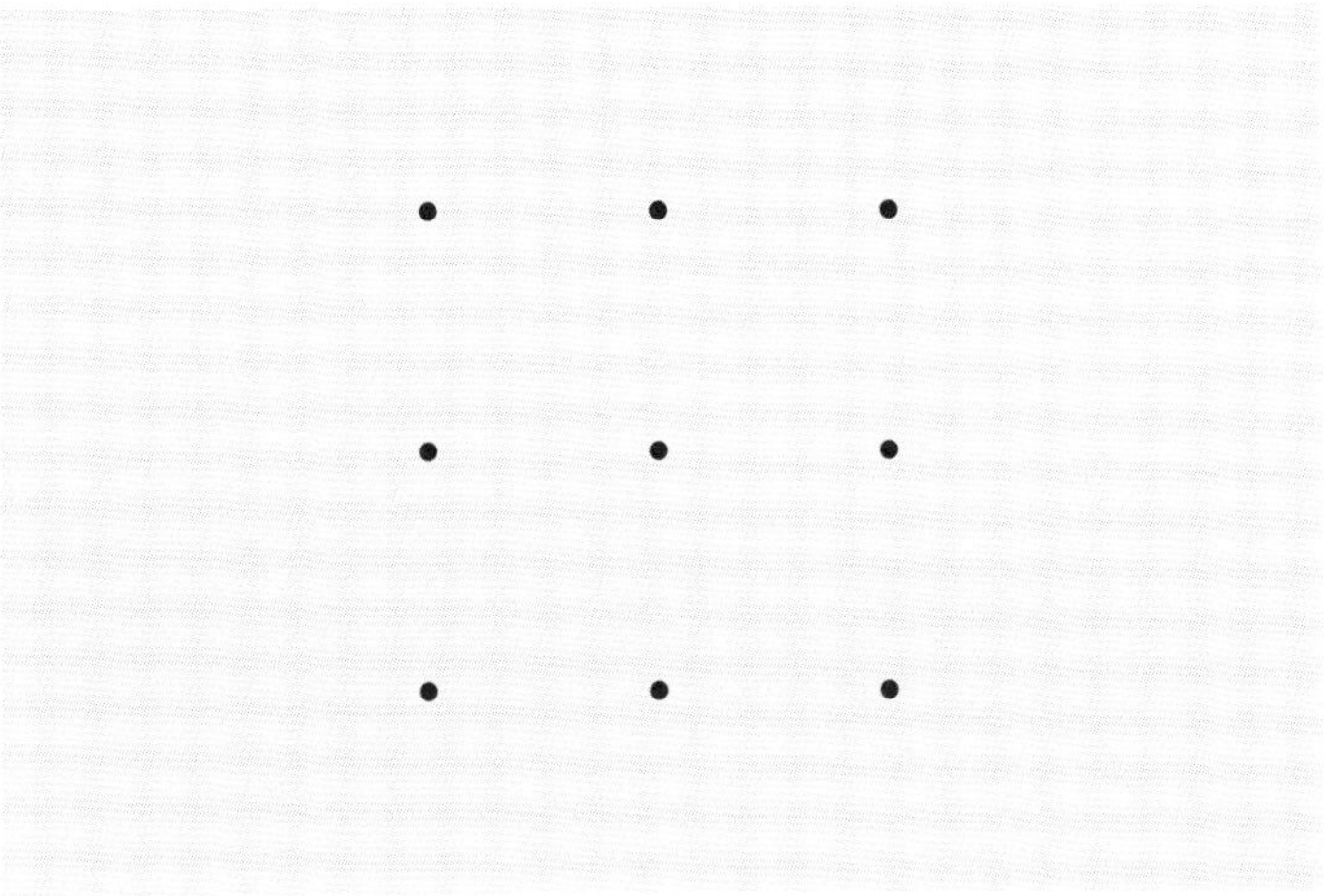

ケーションを妨げているのが私たちの身の回りにあふれている〝常識〟です。

制限を取り払って叶えたいことをしつもんすると楽しそうに話しはじめるというのは会話を生むためのひとつのヒントになります。

みなさんにも章の冒頭に体験してもらいましたが、常識にとらわれずになにかを考えたり、発想したりすることは、意外と難しいものです。ここで少し頭の体操をしてみましょう。

まずは上の図を見てください。

九つの点が並んでいますね。この点を『四本の直線』と『一筆書き』ですべてを通過するにはどうすればいいでしょう？　少し考えてみてください。この問題はけっこう有名なので、答えを知っている人がいるかもしれません。

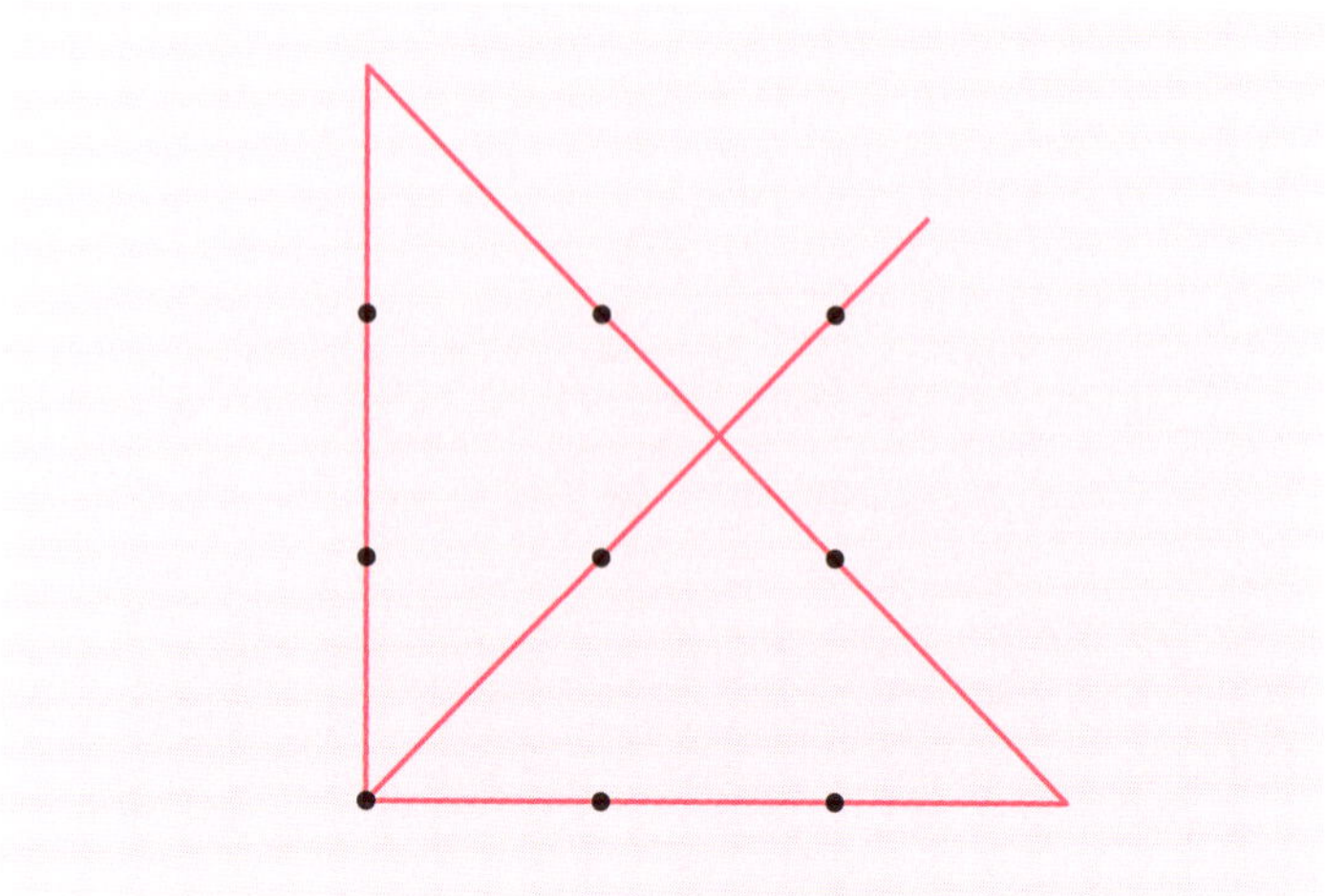

答えは上の通りです。

講習会でこの問題を出題すると、決まって「枠からはみ出ても良かったのかぁ」というため息にも似た声がそこかしこからあがります。

不思議なもので、誰もそんなルールを作っていないのに、勝手に頭の中で「枠をはみ出したらダメ」と思い込んでいる人がほとんどなのです。枠からはみ出てはいけないと思った理由を聞いても「なんとなく九個の点の内側だと思った」「普通はそうだから」「はみ出ていいとは聞いていない」など、曖昧な答えしか返ってきません。こんな感覚が、常識や先入観につながります。

「常識とは一八歳までに身につけた偏見のコレクションである」

これは、アルベルト・アインシュタインの言葉です。以前の常識にとらわれず、数多くの理論を確立した天才物理学者らしい、ユーモアと深みのある言葉ですが、私たちがふだん大切にしている常識は、場合によっては考え方やものの見方、発想や行動を狭める偏見になるかもしれません。

私たちの頭の中には、日々暮らしていく中でなんとなく形成された、たくさんの常識がすでにインプットされています。

「子どもは親の言うことを聞くのが当たり前」
「家の中では走り回ってはいけない」
「男の子は男の子らしく、女の子は女の子らしく育てる」

などなど子育てに関する常識も数多く存在します。

「良い子」「悪い子」という概念も、その人がどういう常識を持っているかによってとらえ方が変わります。

「常識的な判断」「常識人」という言葉からわかるように、常識を守ることは一般的にはとても良いことです。他人に迷惑をかけるような非常識な行動は控えるべきですし、暗黙のルールやその場の空気を読むことは、生活やスポーツの現場、サッカーのプレーに当てはめても必要なスキルと言えるかもしれません。

しかし、しつもんで子どもたちと良いコミュニケーションをするためには、常識を取り払うことも必要なのです。

常識にとらわれてしまうマイナス面は、子どもたちにもあらわれます。子どもたちの世界にも「常識」「普通」「当たり前」という言葉が頻繁に飛び交っています。

それと同時に、「前からこうしているもん」「そういうものだから」「みんなこうしているから」と、過去のやり方や周りのやり方に合わせる考え方が、それこそ〝常識〟になっています。

常識にとらわれて、そのまま受け入れてしまうことの危険性のひとつは「自分で考えなくなること」です。「当たり前だから」「みんながそうしているから」と、受け入れることは、子どもたちから「どうして？」を奪います。

スポーツの練習でも「どうして？」という問いかけはとても大切です。「どうして、この練習をするんだろう？」と自分に問いかけることで、練習の意図や目的を思い出し、練習の質を上げることができるからです。

「たとえば」に気をつける

常識にとらわれないように気をつけていても、私たちついつい自分の尺度で物事をはかり、常識を押しつけてしまうことがあります。体に染みついた常識は、自分ではなかなか気がつかないことが多いのです。

子どもたちとコミュニケーションを取る際に気をつけて欲しいのが、「たとえば」という言葉です。

子どもたちになにかを説明するとき、「たとえば」を使うとわかりやすくなったような気がします。例をあげて説明する、たとえ話で身近な話にする。日常的に使う言葉ですよね。

でも、子どもたちに「たとえば」を示すことで、思考を限定している可能性もあるのです。子どもたちの中には「たとえば、どういうこと？」と聞く選手もいます。ですが、ここで「たとえば」を伝えてしまうことは、子どもたちに「大人が望む答え」を与えてしまうことにもなります。

子どもたちは大人が思うより正解を察知することに敏感なので、「そうか、この人はそういう答えを望んでいるんだ」と、その答えに近づけようと自然と思考が働いてしまうのです。

大人の考えを伝えることも大切ですが、常識にとらわれない、純粋な想像力を広げるためには、「たとえば」と伝えたくなる気持ちをぐっとこらえることも重要です。

「こんな風に答えて欲しい」ではなく、「子どもたちはどう答えるんだろう?」と、興味を持って関わると、子どもたちは心を開き、いつも考えていることや、感じていることを教えてくれます。喉まで出かかった「たとえば」をぐっとこらえて子どもたちの想像力を広げましょう。

同じようなNGワードに「普通は」や「みんなは」「当たり前」などがあります。普通はこうする、みんなこうしている、◯◯するのが当たり前、という言葉は、「たとえば」と同じく常識を押しつけると同時に、誰かと比較することにもなります。

普通って一体なんでしょう? みんながやっているからそうしなければいけない? 当たり前だからそれをするの?

よく考えれば大人でも疑問に思うことなのに、なんとなく納得してしまう。こんな言葉では、子どもたちの可能性を広げるどころか、かえって狭め、萎縮させてしまうだけです。

大き過ぎる目標から行動を引き出す

常識や現状に縛られないことが大切なのはわかったけど、子どもが実現性に欠けるようなとんでもないことを言い出したらどうするんだ？　そんな疑問を持つ人もいるでしょう。

はじめに紹介したしつもんのルールにもあるように、基本的には子どもたちの発言はすべて正解です。

だから、実現性に欠けてもそのまま受け入れましょう！　と言いたいところなのですが、現実にわが子や教え子を目の前にしているみなさんが、「そうは言っても……」と考え込んでしまう事情もよくわかります。

リフティングが九回しかできないのに、一カ月後に一万回にする！　という目標は、素晴らしいと思いますが、ちょっと現実味に欠けます。

五〇回なら現実的？　一〇〇回でも少しは実現の可能性があるでしょうか？　一カ月後に一五回ではちょっともの足りないかもしれません。

あなたは、どの目標が適切だと思いますか？

親や指導者は、子どもたちができなかった場合のことを先回りして、傷つかないように高過ぎる目標を下方修正させる傾向があります。

気持ちはわかるのですが、一カ月後には一万回できるようにする！　という目標を立てた子どものせっかくのやる気をそぐことはありません。常識では無理だと思われる一万回のリフティングを目指すためには、質の高い練習が必要です。時間の効率も考え、工夫をしなければいけません。

もしかしたらこの選手は目標を達成できないかもしれません。しかし、目標に向かって自分の頭で考え、計画し、行動したプロセスは何物にも変えられない宝物になります。

「一カ月で一万回やります！」という子どもに対し、頭ごなしに「そんなの無理だろ！」と否定してしまっては、せっかくのモチベーションを下げてしまうことになります。

こんなときは、「**どのようにすれば、目標を達成できると思う？**」と問いかけてあげましょう。

こうしつもんすることで、子どもの口からアイディアを引き出し、目標を達成するための行動に意識を向けることができます。

九回だったリフティングの回数を一カ月で最も多く伸ばせるのはどんな目標か？　常識とされる数値を超える目標からは私たちが想像もできないアイディアや改善策が生まれるかもしれないのです。

こうなりたい！ は強い

私のトレーニングや講習会では、子どもたちにしつもんをして、それに答えてもらったり、簡単なワークに取り組んでもらいます。

私が一方的に話すだけではなく、みなさんに参加してもらうので、一時間の中でも、実際に私が話をしている時間は正味三〇〜四〇分くらいしかありません。その三〇分か四〇分のあいだに、子どもたちになにかを伝えようと一生懸命話すのですが、悲しいことに子どもたちは私の話をほとんど覚えていません。

けっこういいことを言っているつもりなのですが、子どもたちは私の言葉とは別のことの方が記憶に残るようです。

子どもたちが覚えているのは、子どもたち自身が話したこと。

人間はインプットしたことより、アウトプットしたことを覚えているものです。

トレーニングに参加してくれた子どもたちのほとんどは、私が話したことを覚えていなくても、しつもんされて自分が答えたこと、しゃべったことは覚えています。

つまり自分が思ったこと、感じたこと、発言したことは強く印象に残るのです。

みなさんご存知の通り、「宿題やりなさい！」といくら言っても、子どもの多くはやりませんよね。

これは明らかに逆効果で、「いま、やろうと思ったのに」「せっかく準備していたのに」と、やらないための言い訳、逃げ道をつくってしまうことにもなりかねません。

一方で、子どもが自発的にやり出したことは長続きするし、効果も高いと思いませんか？　テレビでスペインのサッカーを観て、「いつかスペインでプレーしたい」と自分から言い出した子は、「スペインで暮らすにはスペイン語が必要だ」「そのためにスペイン語を覚えよう」と考えて、勝手に勉強をしはじめます。そこで親が共感し、認めてあげることによって、子どもはますます自信とやる気を感じ、それが次の行動を促します。これは〝内発的な動機〟と呼ばれるものです。

反対に興味のないことを続けさせても、あまり成長は望めません。私たち大人が「やらせる」よりも子どもたちが「こうなりたい」という想いが、成長を促進し、夢や目標に対する行動を持続させるのです。

こうした特性は、練習の際の声がけにも活用できます。

「もっとシュートがうまくなる練習があるんだけれど、興味ある？」と問いかければ、子どもたちは「いいシュートを打てるようにやってみたい」となります。

「もっと効率的なシュート練習をしよう」と呼びかけるよりも、しつもんをして、子どもたちが自分の気持ちをたしかめる機会を与えてあげましょう。

常識にとらわれず、子どもたちの内発的な動機を引き出す。

これを意識するだけで、子どもたちとの会話に変化が生まれるはずです。決めつけや大人の願望を押しつけるのではなく、子どもの中にある答えを探すために、しつもんを効果的に使ってください。

［第3章］まとめ

◉子どもが話をしないのは、
聞く側に問題があると考えよう

◉自分（大人）の〝常識〟が、
子どもの想像力と創造性を奪う

◉「たとえば」「普通は」「みんなは」
「当たり前」は、
子どもの思考を限定させてしまうNGワード

◉大きすぎる目標もOK。
たとえ目標達成できなくても、
そのプロセスが成長を促す

第4章

子どもの良いところを引き出すしつもん

しつもん④

あなたが最近うまくいっていることはなんですか？

日常生活やお仕事など最近の出来事の中で、あなたがうまくいっていることはなんでしょう？　どんな小さなことでもかまいません。完ぺきでなくても大丈夫。うまくいっていることを思い浮かべてみてください。

どうでしょう？　「うまくいっていないことならたくさん浮かぶのに！」という声が聞こえてきそうですね。

そうなんです。うまくいっていることを見つけるのが苦手な人って意外に多いんです。しつもんメンタルトレーニングでは、うまくいっていること、良いこと、良いところに目を向けることを大切にしています。

自分のこと、ごくごく個人的なことでかまいません。うまくいっていることを探してみてください。

人間は欠点に目がいく動物

人間の思考回路が「悪いところに目がいきがち」だということを意識する必要があります。いきなりですが、こちらの図を見てください。

ふたつの円が並んでいます。あなたは、このふたつの円のうち、どちらの円が気になりますか?

あまり難しく考えず、パッと見た直感で答えてください。

多くの人は、左側の円、それも閉じていない箇所が気になったはずです。もちろん、私は違うという人もいると思いますが、ある心理学のテストによれば、完全な円よりも、不完全な円、つまり左の円に注目する人が多かったということです。

人間は、完全なものより不完全なものが気になる。どうやら無意識にそういう心理が働くようなのです。

これを人間に置き換えたら……。そうなんです。やっぱり人間というのは、長所よりも短所、良いところよりも悪いところ、足りない部分に目がいきがちなのです。

「うちの子は我慢ができない」「落ち着きがない」「元気がない」「片付けられない」「言うことを聞かない」……。良くないこと、逆効果と知りつつ、お子さんの「できないこと」に悩んだり怒ったりしていませんか？

世の中の教育指南書に『良いところを褒めてあげよう』『良いところを見つけよう』『欠点もポジティブに変換しよう』と書いてあるのは、どうしても目に付いてしまう欠点を指摘してしまうお父さんお母さんが多いからこそなのです。

「人間は欠点に目がいきがち」

まずこのことを自覚することで、子どもたちと接する際に、なにに気をつければ良いかが見えてきます。

私がサッカーの指導をしていたときも、子どもたちに「なんで、あそこで決めないんだ！」「一人で持っていけただろう！」「絶好球じゃないか！」と、できていないところばかりを指摘していました。

シュートを決めた選手がいても、褒める言葉はそこそこに「あそこは違うコントロールをすればもっとよかった」と伝える有様。ミーティングの様子を想像してもらえばすぐにわかると思いますが、選手はうつむき、口を閉ざし、やる気を引き出すどころか、次の練習に来なくなってしまう子もいました。

大人の側に直して欲しい、発奮材料にして欲しい意図があっても、欠点を指摘し続けるだけでは子どもたちのやる気を継続させることはできないのです。

欠点を指摘するより褒める

スペイン・カタルーニャ州の著名なサッカーコーチたちが日本で開催した講習会に参加したときのことです。

彼らが、日本の子どもたちを指導し、その練習を見学するというスタイルでおこなわれた講習会で、とても印象に残ることがありました。

あるプレーで、一人のコーチが練習を止めました。日本でも、トレーニングの中で気になったことがあったら練習を止めて指導をおこなうゲームフリーズというやり方が浸透してきました。

「どんなことを伝えるんだろう？」

スペインの指導を勉強したいと思っていた私は、そのコーチの表情や言葉を待ちました。

「Muy bien! ムイビエン（素晴らしい）」

コーチの第一声は、鋭い指摘や改善方法を教えてもらえると思っていた私にしてみればものすごく意外な言葉でした。サッカー大国として知られるスペインからやってきたコーチが、わざわざ練習を止めて子どもたちを褒めているのです。

それからもコーチたちは良いプレーが出る度に練習を止めて、「いまの君のプレーすごくよかった！」「なぜ、いまのプレーしようと思ったの？　すばらしい！」と笑顔で声をかけ続けていました。

もちろんただ褒めるだけではありません。

ミーティングでは、子どもたちが今日できたこと、良かったことを伝えた上で、チームが理想としているプレーがどんなものか？　どうしたらもっと良いプレーができるかについて子どもたちと一緒に考え、伝え合っていました。

練習が進むにつれて、子どもたちの目の輝きがどんどん変わっていくのを感じました。コーチの言葉ひとつで、褒められた子ども、その様子を見ていた他の子どものプレーが一瞬で変わるんです。

私たちはついつい欠けているところに焦点があたる生き物です。きれいに残っているドーナツよりも、ひと口欠けたドーナツの方が気になります。だからこそ、意識してうまくいっているところを探してみませんか。

「最近、うまくいっていることはなにかな？」

「どんないいところがあるかな？」

そして、うまくいっているところを探せるクセがつくと、自然とうまくいかないところを改善したくなるものです。

「うまくいったことはなにがあった？」

「褒めた方がいいのはわかっているんですけど、なにをどんなふうに褒めたらいいかわからなくて……」

怒ってばかり、ダメ出しばかりの関係から抜け出そうとするお母さんからこんな相談を受けることがあります。

なにも意識しなければ欠点ばかり気になってしまうわけですから、このお母さんのお悩みも当然と言えば当然ですよね。無理矢理褒めようとして、嘘をつくわけにもいかないし……。

そこで試してみて欲しいのが、子どもたち自身に答えを委ねるしつもんです。目に入ってきた欠点を指摘するのではなく、前向きな声がけをする。ここまではメンタルトレーニングやスポーツ心理学でもよく言われています。

でも、実際に子どもたちに声をかけようとすると、具体的にどうしたらいいんだろう？　という疑問が出てきます。

シュートを外した子に「ナイスシュート！」とは言いづらいし、「惜しかった」と言うのは褒め言葉？　「その調子で打ち続けよう」は、サッカーのことがわからないのに言い過ぎかも……。

私自身も過去に、ゴールのはるか上空に飛んでいったシュートをした子どもに「惜しかったね、次は枠の中に入れよう」と伝えたら、「全然、惜しくないよ！」と怒られてしまった苦い経験があります。

褒めた方がいいと漠然とわかってはいても、いざ自分だったらどうするか？　子どもにどんな言葉をかけるかを考え出すと、効果的に褒めるのは意外に難しいものです。

私がおすすめしているのは、「**うまくいったことはなにがあった？**」という問いかけをすることです。

子どもたちが「できた」と思ったこと、「うまくいった」と実感できたことは、その子の中にある真実です。お母さんが子どもの心理を想像して声をかけるより、よほど意味のあることです。

先ほどのシュートを外したというシチュエーションでも、試合後に「うまくいったところ」を聞けば、「シュートは外したけど、一本打てた」とか「シュートの前のパスの受け方がうまくできた」などのポジティブな要因が子どもたちから出てくるはずです。

これが大人主導で、シュートを外したことを話題にしていたら、せっかく子どもが感じた達成感や肯定感、その先にある反省や「次はこうしよう」という前向きな気持ちの芽を摘み取ってしまうことになりかねません。

自分が持ってしまったネガティブな印象を伝えず

に、子どもたちがどう感じたか聞いてみる。良かったところを聞かれた子どもたちは、そのしつもんをきっかけにして前向きな視点で自ら考え出してくれるはずです。

〝尋問〟ではなく〝しつもん〟をしよう！

欠点を指摘するよりも褒めること、褒め方がわからなければまずはしつもんをしてみること。

親やコーチの声かけ次第で子どもたちの反応がさまざまだということは十分にわかってもらえたと思います。

「しつもんするのは良いけど、うちの子は聞いてもちゃんと答えない」「問いかけても言い訳しか出てこない」というお父さんお母さんは、お子さんの性格や態度のせいにする前に、自分たちのしつもんの仕方が適切かどうかについて考えてみる必要があります。

そうです。しつもんは一歩間違えると効果がないどころかかえって悪い結果を生む、良くない聞き方というのもあるのです。

良くない聞き方はいくつかありますが、しつもん初心者が間違いやすいのが、しつもんと尋問の違いです。あなたはしつもんをしているつもりでも、実は子どもたちを追い込む〝尋問〟になっているかもしれない。これは少し怖いことですよね。

みなさんは、「尋問」と聞いてどんなことを思い浮かべるでしょう？ 厳しく尋問した後にカツ丼で落とす刑事の取り調べ？ 法廷でのやりとり？ いずれにしても、尋問ってなんだか厳しく強い口調で問い詰められるイメージがありますよね。法律学でも、質問は答える義務がないもの、尋問は供述する義務が発生するものとして区別されているそうです。

身近な例を挙げて、尋問の悪影響を見ていきましょう。

Why?よりHow?で

仲の良いある友達三人が、人気歌手のライブに行くことになりました。入手困難なチケットは、運良くとれたプラチナチケット。三人とも何カ月も前から楽しみにしていて、待ち合わせ時間も開演の一〇時にかなり余裕を持った八時三〇分に決め、一カ月前から話題に上るごとに「遅れないようにしようね」と言い合ってきました。もちろんメールやLINEでも時間と場所を共有していました。

にも関わらず……。ライブ当日、Bさんは、待ち合わせ時間に現れないどころか開演時間の一〇時になってもなんの連絡もなかったのです。

Aさん、Cさんは、Bさんに
「なんで、遅れたの？」
と聞きます。

さあ、あなたはBさんの立場になってその答えを考えてみてください。

どんな答えが出てきたでしょう？

「電車が遅れた」「寝過ごした」「時計が止まっていた」などなど、遅れてしまった理由がいくつか出てきましたよね。これらをなんというかというと〝言い訳〟ですよね。

もちろん遅れたBさんが一番悪いのですが、「なぜ遅れたの？」と問われた人は言い訳しか出てきません。つまり「なぜ遅れたの？」というWhy？の問いかけが、あらかじめ想定した答えに追い込む尋問であることをあらわしています。


子どもたちのサッカーに置き換えても、「なんでシュート外したんだ？」と問いかけても出てくる答えは「ゴール前に水たまりがあったから」「ボールに空気が入っていなかったから」「キーパーがうまかったから」と言い訳のオンパレード。こうした問いかけにはほとんど意味がありません。

「なんでできない？」「なんでシュートを打たなかった？」。ジュニアサッカーの現場ではいまだに「なんで？」「なんで？」「なんで？」の大洪水です。

プレー中に自分で考えながらプレーするサッカーでは「なんで？（なぜ？）」を突き詰めることが重要なのですが、コーチや保護者の声がけが、なんで？ になることには弊害も大きいのです。

起きてしまったことにWhy？形式のしつもんをぶつけても、子どもたちの中にある言い訳を引っ張り出してしまうだけです。

子どもの言い訳に悩んでいる方も多いと思いますが、ほとんどの場合、悪いのは子どもではなく、大人のしつもんの仕方、悪いしつもんをしているからだと認識しましょう。Why？形式の尋問で言い訳をするように追い込んでおいて、聞いた大人の方が「言い訳するんじゃない！」と言ってしまうなんて、まさに負のスパイラルだと思いませんか？

尋問ではなくしつもんに変えるためには、なんで？ どうして？ と追究するWhy？形式をやめて、How（どのようにすれば）？という形式でしつもんをする必要があります。

ライブに遅刻したBさんの例のように「なんで？」と問われると理由を考え、ともすれば相手に合わせた答え、相手の気に入る答えを用意してしまいます。

でも、「**どのようにすれば？**」と問いかけられると、問われた方は自分なりの改善策、方法を探すことになります。

「なんでシュートを外したんだ？」という尋問を「**どうすればシュートが決められたと思う？**」というしつもんに変換してあげるだけで、子どもたちの答えはまったく違うものになります。

「外したときは焦っていたから落ち着いてシュートをする」

「パスを受けるところまではうまくいったから、次はシュートしやすい位置にコントロールしてみる」

Ｈｏｗ？形式のしつもんは、こちらが余計なことを付け足さなくても、相手の中にあるアイディアや改善策、反省点までもが自然とわき出てくるのです。こういうしつもんを繰り返していれば、子どもたちは必ず成長するはずです。

一方、Ｗｈｙ？形式の尋問は理由を求める問いなので、物事を前向きにとらえたり、前進するための力を奪ってしまいます。

しつもんはＷｈｙ？ではなくＨｏｗ？で。そのことを心がけてみてください。

［第4章］まとめ

◉人間はつい欠点に目がいってしまう
動物だと知る

◉「うまくいったことはなにがあった？」。
しつもんで良い部分を引き出すようにする

◉うまくいった部分を探すクセがつくと、
子どもは自ら欠点を改善していく

◉しつもんが〝尋問〟になっていないかを
チェックする。
WHY（なぜ？）で追い込むのではなく、
HOW（どうしたら？）で問いかける

第5章

子どもの成長を促すしつもん

しつもん⑤

今日の自分は何点だった？

あなたの今日一日を振り返ってみてください。

この本を読んでくださっているタイミングが早朝であれば、昨日のことを振り返ってみましょう。どんなことでもかまいません。良かったこと、悪かったこと、うまくいったこと、うれしかったこと、失敗したこと、悲しかったこと。少し時間をかけていいので思い出してみてください。いろいろありましたよね？

では、昨日の自分に点数をつけるとしたらどうでしょう？

一〇〇点満点中、何点でしょう？

いろいろあった人はトータルでかまいません。

点数にするのが難しいでしょうか。ほとんどなにもなかったという人はもっと難しいかもしれません。でもあまり深く考えず、感覚でかまいませんので、だいたいこれくらいという点数を出してみてください。

言葉のキャッチボールをするには

あなたは、子どもたちと会話ができているでしょうか？

辞書で会話という言葉を調べると、「二人あるいは小人数で、向かい合って話しあうこと。また、その話」と書いてあります。しつもんメンタルトレーニングでは、コミュニケーションの形を会話と対話に分けて考えています。会話は近しい人同士の話、対話は異なる価値観をすり合わせることです。

会話（カンバセーション）……**近しい人同士のお話**
対話（ダイアローグ）……**異なる価値観のすり合わせ**

子どもたちとのコミュニケーションは、会話が軸になり、それが深まれば対話に近づいていきます。

では、より良い会話、子どもたちに気づきや成長、変化を与えられる対話とはどんなものでしょう？

「言葉のキャッチボール」とよく言いますが、すでにお話ししたように会話も対話も、

一方通行では成り立ちません。野球のキャッチボールも同じで相手が取りやすいように、また返球しやすいように胸元を狙って投げるのです。サッカーなら対人パス。止めやすい、返しやすいスピードで利き足に！　相手の技術に合わせて思いやりのあるパスを出そうとする選手はどんどんうまくなります。

そうした言葉のパスに当たるのがしつもんです。なので、どんどんしつもんをしましょう。しつもんのコツはもちろんおわかりですよね。基本になるのは第１章で紹介した三つのルール。

1　答えはすべて正解

2　「わからない」も正解

3　他の人の答えを受け止める

これら心に留めた上で、子どもたちにしつもんをしてみましょう。

どう問いかけるかを意識する

三つのルールを守ってしつもんをすることは、これまでその日その日によってどうなるかわからなかったコミュニケーションに道筋をつけることにもなります。

お母さんが「勉強しなさい」と口うるさく言っている親子間のコミュニケーションは、テストの点数が良ければいつもより会話が増えるかもしれない。でも、点数が悪ければ子どもは落ち込むし、お母さんの期待に応えられない自分を責めるかもしれません。「なんでシュート外したんだ?!」と聞かれた子どもとコーチの会話は、尋問と言い訳で埋め尽くされるかもしれません。

大人の方で、コミュニケーションがうまくいかない、会話が成り立たないと思っているときは、だいたい私たち大人の問いかけ方が間違っています。

暗闇の中を歩くのは心細いものですよね。小さな枝に頭をぶつけることもあれば、足元の石につまずくこともあります。まさに手探りで進まないといけません。

けれど、懐中電灯がひとつあるだけで、状況は一変します。暗闇の中に光を照らすことで、心も足取りも軽くなります。コミュニケーションも同じこと。会話におけるしつもんは、懐中電灯の「光」の役割をするのです。

試合に負けてしまったときにどんな声をかけるべきか？　コーチはどんなことを投げかけ、両親はどうサポートとすべきなのか？

しつもんは懐中電灯の光になると言いましたが、「どこに光を当てたいか」によって、しつもんを変えることが大切です。

「**敗因はなんだと思う？**」と問いかければ、ネガティブなところに光を当て、失敗から学ぶことができます。

「**どんな成長があった？**」と問いかければ、ポジティブな面に光を当て、成長を実感することができます。

「**どうすれば勝てたと思う？**」と問いかければ、試合を振り返り、次回への行動を生み出すことができます。

どんな問いかけをするか、どう問いかけるかを大人が意識することで、子どもたちの世界は大きく変わるのです。

しつもんは一度にひとつに絞る

しつもんはシンプルにかつ、一度にひとつに絞ることが大切です。

私たち大人も子どもたち選手も一緒なのですが、一度にたくさんのことを聞かれたり、伝えられたりしても、うまく対応することができません。

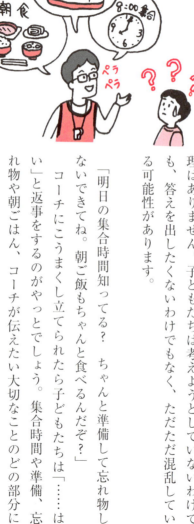

「子どもが全然考えないんです。答えてくれないんです」と嘆く両親やコーチたちは、もしかしたら、一度にたくさんの問いかけや指示をしていないでしょうか。これでは子どもたちの頭の中がパンクし、思考停止状態になるのも無理はありません。子どもたちは考えようとしていないわけでも、答えを出したくないわけでもなく、ただただ混乱している可能性があります。

「明日の集合時間知ってる？　ちゃんと準備して忘れ物しないできてね。朝ご飯もちゃんと食べるんだぞ？」

コーチにこうまくし立てられたら子どもたちは「……はい」と返事をするのがやっとでしょう。集合時間や準備、忘れ物や朝ごはん、コーチが伝えたい大切なことのどの部分について考えたら良いのかも、なにについて答えたら良いのも判断できず、なんとなく「はい」と答えるだけになってしまいます。こういう場合は、結局なにが大切か、どうして大切かという本質が伝わらないままになっているので、遅刻や忘れ物をする子どもが必ず出てきます。

こうした混乱を避けるためにも、しつもんや伝達事項は一度につき、ひとつにしましょう。

質問や伝えたいことが複数ある場合は、しつもんをする側が自分自身に「子どもたちに聞きたいことはなんだろう？」「伝えたいことはなんだろう？」と問いかけて、聞きたいこと、伝えたいことを整理してみることも大切です。吟味した聞きたいこと、伝えたいことを一つひとつ分解して、子どもたちにしつもんすると良いでしょう。

「明日の集合時間、何時か知ってる？」

「持ち物はなにが必要だと思う？」

「朝ご飯はどんなものを食べる予定？」

こんなふうに分解して、ひとつのしつもんにゆっくりと時間をかけて問いかけることで、子どもたちがしつもんを受け止め、考える時間ができます。

聞きたいことや伝えたいことはよりシンプルに。ぜひ心がけたいポイントのひとつです。

「沈黙」で自問自答する力を育てよう

あ、この人しつもん上手だな、しつもんのセンスがすごいなと思う人たちに出会うことがあります。そうした「しつもん力の高い人たち」をよく観察してみると、共通することがいくつかあるのです。

ひとつはしつもんがシンプルであること。前置きや条件などの制限をせず、単刀直入にわかりやすい言葉で子どもたちに問いかけます。

もうひとつは、「間の取り方」です。しつもん力の高い人は、しつもんをひとつした後に必ず間を置きます。子どもたちがすぐに答えなくても助け船を出したり、すぐに補足をすることなく、柔らかな眼差しと態度で答えを待つのです。

実はこの「沈黙の時間」がとても大切です。

しつもんがお世辞にも上手とは言えない、かえって逆効果かも？　と思う人たちの聞き方には、この沈黙が欠けています。しつもんをしたり、子どもたちに意見を求めて、すぐに答えが出てこないと不安になり、ついつい沈黙を破ってしまうのです。

「ちゃんと考えてるかな」

「わかりにくかったかな」

「この子にはまだ早いかな」

沈黙の時間は大人にとっても耐える時間になるかもしれません。沈黙に耐えきれず、答えやすいように「たとえば……」と例を出したくなるかもしれませんが、これはおすすめできません。

敏感な五感を持つ子どもたちは、私たち大人の求める答えを察し、その答えに近づけようと、自分の意見や気持ちではなく、正解に近い答えを言おうとするからです。

さまざまなスポーツチームや親子参加のワークショップ、いろいろな現場でのコミュニケーションを見ていると、どうやら大人は沈黙が苦手なようです。せっかくしつもんで動き出した子どもたちの思考を「答えを待てない」大人が遮ってしまうのはとてももったいないと思いませんか？

沈黙の時間といっても、子どもたちはなにも考えていないわけではありません。頭の中を整理して、いろいろなことを考えているのです。この時間こそ、考える力を伸ばしてくれる成長タイムなのです。

ある研究によると、学校の授業での答えの待ち時間を三～五秒伸ばした結果、待ち時間を与えられたグループは、より多くの解答を考え出し、その解答はより考え抜かれたものになったそうです。

しつもんをした後は子どもたちの答えを待ちましょう。沈黙を怖れず、子どもたちに時間を与えましょう。

これは、しつもんの三つのルールに付け加えて気をつけて欲しいことです。

答えを急げば急ぐほど、沈黙を埋めれば埋めるほど、問いかけは一方通行になって、子どもたちの考える機会は少なくなります。

しつもんメンタルトレーニングでは沈黙は悪ではありません。みなさんも子どもたちが頭をフル回転させる大切な時間、沈黙を楽しみましょう。

試合の後にどう声をかけたらいい？

親子のコミュニケーションの在り方について、スポーツの試合、しかも試合の後の会話について、少し考えてみましょう。

勝敗が付きもののスポーツの世界では、勝つこともあれば負けることもあります。勝ち負けやスコアは大人から見てわかりやすい結果なので、どうしてもそこに目がいったり、執着したり、ときには熱くなり過ぎたりしてしまうかもしれません。

でも、子ども一人ひとりの成長を目指すしつもんメンタルトレーニングでは、勝敗やスコアを尊重した上で、成長に目を向けています。ですので、これからのしつもんの流れも、試合に勝ったか負けたかの想定にとらわれ過ぎずに読み進めてもらえればと思います。

試合が終わった後、子どもたちにどんな声をかけていますか？

あなたがコーチならチームのミーティング、親ならばその後、子どもたちとなんらかの言葉を交わすと思います。**タイミングによって良いしつもんは変わりますが、試合直後にピンとくるのは「どうだった？」というしつもんでしょう。**

一見、なんのひねりもなく、ありふれたしつもんに思えますが、試合直後のテンション高め（また低め）の子どもたちには、ひねりもないかわりに余談も制限もないこのしつもんがしっくりくるのです。

ただし、「どうだった？」というしつもんを紹介するだけならこの本は必要ありませんよね。もちろん続きがあります。「どうだった？」は漠然としたあいまいな問いかけですので、子どもたちの本音を引き出しやすいという特徴があります。

「攻撃は？」「守備はどうだった？」と、こちらから範囲を狭めるよりも、子どもたち自身が攻撃について話すのか、守備について話すのか、選択肢を与えることができます。

子どもたちにとって印象深く、もっとも強く感じたことを引き出せたら、次はもう少し内面的なこと、発展的なことを聞いてみましょう。答えに対して「**どうしてそう思うの？**」と問いかけると、彼らがそう感じた具体的な体験やエピソードが聞けるかもしれません。

サッカーの場面なら、「攻撃が良かった」と第一声で答えた子なら「この前の試合よりもシュートがたくさん打てたから」「ぼくがパスをもらった後、すぐシュートしたの見た？」といった話が出てくるはずです。

こうした体験や、その体験を経て感じたことは間違いなく本人のものです。

誰かに言われたことや大人が求める答えではなく、自分の体験を語ってもらうことこそがしつもんの大きな目的になります。

子どもたちの答えが「今日の試合でうまくいったこと」でも「うまくいかなかったこと」でもいいのですが、良かった、悪かっただけでは、次の成長につながるとは言えません。

さらに、**「次はどうしたら良いと思う？」「もっと良くするにはどうしたらいいと思う？」**というしつもんで、子どもたちの小さな一歩を引き出します。

大人が望む答えを引き出さない

試合直後のしつもんの例に「どうだった？」をあげたのは、このときのしつもんこそ、コーチや両親が、自分が感じたことを優先させてしつもんしてしまいがちだからです。

終わったばかりの試合で子どもたちのプレーを見て「試合に大敗した」「全然ボールに当たらなかった」と思っていれば、「なんで負けたと思う？」「三振したのはなんでかわかる？」と、自分の聞きたいことを聞いてしまう可能性が高くなります。

落ち着いてみればわかるのですが、こうしたしつもんは子どものためというより、自分のため。私たちが試合を観戦していて感じたストレスや怒りを吐き出すことに近いのです。

第4章でしつもんと尋問の違いについて紹介しましたが、尋問の中でももっとも気をつけたいのが、複数のしつもんを使って子どもたちを追い詰める〝誘導尋問〟です。
試合に負けた原因や理由がはっきりと私ら大人の頭の中にはあって、その答えを子どもたちにどうにかして言わせようとする。子どもたちの意見には耳を貸さず、自分の考えた「答えさせたい答え」が出たところでようやく満足する。

誘導尋問の大きな特徴は、子どもたちが「考えた答え」は関係なく、私たち大人が答えさせたい答え」を誘導し、大人が優越感に浸ってしまう点です。残念ながら試合後のミーティングでこんなコーチや監督を目にすることも少なくありません。

少し時間が経ってから子どもたちに触れる親御さんには、良かったことからしつもんすることをおすすめします。

「**今日の試合でうまくいったことはなにがあった？**」

はじめにうまくいったことを問いかけると、子どもたちはポジティブな記憶を探ることになります。その後で、この章の最初のしつもんでみなさんにもお聞きした「**今日の自分は何点だった？**」というしつもんをするのです。

試合直後のしつもんでは、本人の気持ちと体験をしつもんすることに重点を置きました。試合から少し時間が経った親子の会話、または次の日の練習でのコーチとの会話では、もう少し客観的な視点で試合を振り返ってもらえるようなしつもんをすると良いでしょう。

すでにこのしつもんに答えているみなさんならおわかりいただけると思いますが、「今日の自分は何点？」というしつもんに答えるためには、ひとつのプレーや詳細から離れて、全体を、しかも客観的に評価し直す必要があります。客観的な視点を持つことで、改めて気がつくこと、試合中や試合直後には気がつかなかったことが浮かび上がってくる場合もあります。

たまに自己評価が不当と思えるほど低い子、自信のなさが点数に出てしまう子もいますが、はじめに「うまくいったこと」を聞くことで、相手が自分を責めている、粗探しをされているというネガティブな要素を取り除くことができます。

どこで、どうやってしつもんするか？

お伝えしたように、話すタイミングや状況によって最適なしつもんは変わります。加えて、覚えておいて欲しいことが、声のかけ方、しつもんの仕方です。

まず、どこでしつもんするのか？

試合直後にグラウンドやコートの横でわが子を捕まえてアドバイスを送っている熱心なお父さんをたまに見かけますが、果たしてそのタイミングで、その場所で、話したアドバイスは次に活かされるでしょうか？

しつもんするときの子どもたちとの向き合い方、具体的に言えば、身体の向きも実はとても重要です。

一対一で今日の試合について話をするとき、向き合って対面しながら話をしますか？ それとも同じ方向を見て話しますか？ 斜めから話しかけるでしょうか？

これはどれが良くとどれがダメということではなく、しつもんに相応しい身体の向きがあるということです。

試合直後にしつもんするときは、向き合って目を見ながら話した方が伝わるものがあるでしょう。これが、歩いている途中に斜め前や斜め後ろから話しかけるのでは、まったく違いますよね。

逆に試合を客観的に振り返るとき、対面して目を見ながらでは、ちょっと威圧的な印象を与えてしまうかもしれません。点数を聞く際などは、同じ方向を見ながらしつもんしてみるというのも良い方法でしょう。

しつもんにはそれぞれに合ったタイミングや聞く場所、環境、身体の向きなどの聞き方があります。どんなときに、どんなしつもんを、どのようにすると効果的なのか？　大人が工夫できる余地はまだまだあります。

練習や試合後に活用したい「五つのしつもん」

練習後や試合後に、ノートや日誌を使って振り返りをする習慣を持つことは、子どもたち選手の成長を助けてくれます。闇雲に練習に臨むだけでなく、一度、立ち止まり、振り返ってみることで、うまくいったことや改善点を見つけることができるからです。

しかし、いきなりスポーツノートをつけよう！　と子どもに提案しても、それを習慣化するのは簡単ではありません。だからといってスポーツノートを強制して書かせても、望むような効果は得られるはずもありません。

練習や試合を振り返る入り口として活用して欲しいのが、すでに紹介したしつもんを含む五つのしつもんです。

1　「どうだった？」

2「自分に点数をつけるとしたら何点だと思う？」
3「どうしてそう思うの？」
4「うまくいったことはなにがあった？」
5「どうすれば、もっと良くなると思う？」

1「どうだった？」

練習や試合後には、まず子どもの素直な感想に耳を傾けましょう。

大人が感じていることと、子どもたちが感じていることには違いがあります。自分の感想や意見を押しつけるのではなく、子どもたちの気持ちに寄り添って、子どもたちが素直な感想を発散できることが大切です。

2「自分に点数をつけるとしたら何点だと思う？」

自由な考えや思いを表現してもらった後は、自己採点の時間をつくりましょう。

私たち大人もそうですが、子どもたちも他人から評価されることに慣れ過ぎていて、それが絶対的な評価であると信じてしまっている子もいます。大人や周りの人と子どもでは評価の基準が違います。ここでは出てきた点数よりも、自分で自分を評価すること

の重要性に目を向けましょう。

3「どうしてそう思うの？」

「どうだった？」と問いかけると、「楽しかった」「つまらなかった」といった漠然とした答えが返ってきます。子どもたちの真意に近づく、一歩踏み込んだしつもんが「どうしてそう思うの？」です。

これは、自己評価をした点数についても同様です。「どうして五〇点だと思うの？」「どうして八〇点だと感じた？」。そう問いかけることで、直感的に評価した自分の点数に対して、より具体的な理由を話しはじめてくれます。

4「うまくいったことはなにがあった？」

試合で負けてしまった後などは、ついついすぐに反省ムードになってしまいがちです。

反省することも大切ですが、より重要なことは「この試合でなにを学んだか？」です。必要以上に落ち込む必要はありませんし、私たちは過去から学ぶことができます。まずは前向きな点を振り返るしつもんを活用しましょう。

5「どうすれば、もっと良くなると思う？」

試合後のミーティングは、できなかったことや失敗したこと、ミスの犯人探しなどの時間が多くなってしまいがちです。しかしこれはあまり効果的とは言えません。

ミスしたことは本人が一番良くわかっていて、傷ついてもいます。ミスだけを責めたり、ミスから改善策を突き詰めるしつもんは反発や反抗を生むだけです。

どのようにすれば、より良くなるだろう？　改善策やアイディアを子どもたち本人に問いかけることで、ミスや失敗も冷静に振り返ることができます。

[第5章] まとめ

◉親子のコミュニケーションは〝しつもん〟で。
言葉のパス交換をしよう

◉しつもんは、一度にひとつに絞る。
シンプルに問いかけることが大切

◉沈黙を怖れない。
柔らかな眼差しと態度で、
子どもの答えを待つ

◉試合後の声がけは「どうだった？」。
そこから少しずつ子どもの内面を
引き出し、成長へとつなげていく

〈練習や試合の後に活用したい5つの質問〉

❶どうだった？
❷自分に点数をつけるとしたら何点だと思う？
❸どうしてそう思うの？
❹うまくいったことはなにがあった？
❺どうすれば、もっと良くなると思う？

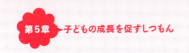

第6章

親が変われば子どもは変わる

しつもん⑥

最近、自分を満たすために
なにをしましたか？

この本を読んでいるあなた自身のことをお聞きします。

最近自分を満たすためになにをしましたか？

家族みんなのために忙しく過ごすお母さん、いつも一生懸命働くお父さん、大勢の子どもたちにスポーツを教えるコーチは、自分の心を満たすためにどんなことをしているのでしょう？

「美容院に行った」「少し豪華なランチを食べた」「ゆったりと自分だけの時間をつくった」。内容はどんなことでも良いので、とにかく自分の心を満たしたことを思い浮かべてみてください。

全部家族のため、子どもたちのためだから、自分のためにしたことは思い浮かばないというあなた。もしかしたらそれ、本当の意味では、子どもたちのためにはなっていないかもしれません。

心のグラスは満たされていますか？

いきなりですが、左のイラストを見てください。なにも入っていないグラスが描かれています。これをあなたの心のグラスだとしましょう。筆記用具がある方は実際に書き込んでみて欲しいのですが、このグラスは愛とエネルギーでどれくらい満たされているでしょうか？　先入観は必要ありません。直感でパッと思いついたところに線を引いてみてください。

これは「自分の心がどれくらい満たされているか?」を知るための方法です。

心のグラスの液体が多ければ多いほど満たされている。グラスはあなた自身、液体はあなた自身の愛やエネルギーを表しています。グラスの水位が本当に精神状態を表していると断言はできませんが、自分の書き入れた水位の線を見てうなずいたり、首を振ったりしている人もいるのではないでしょうか?

なぜこんな話をするのかというと、あなた自身の心の状態が、子どもたちにもっとも大きな影響を与えるからなのです。


子育て論や教育論、指導方法を学ぶことはできます。しかし、それを実践できるかどうかは、理論や技術だけでは足りません。しつもんメンタルトレーニングも、方法を学んだだけでは十分ではないのです。

これはとても不思議なことなのですが、自分の心理状態が不安定だったり、なにかに気をとられていたりイライラしていると、その気持ちが反映されたような答えが返ってきてしまうのです。

逆になにか幸せを感じることがあって、ウキウキしながら子どもたちに声をかけると、子どもたちも楽しそうに前向きな答えをくれます。

「なにを言うか?」も大事なのですが、「誰が言うか?」もとても重要です。

同じ関わり方をしているつもりでも、子どもたちの心への届き方は変化するのです。一言一句まったく同じしつもんをしても、こちらの心の状態次第で答えが変わる。これはとても重要なことです。

自分に余裕がないとき、イライラしているとき、急いでいるときに子どもたちに話しかけても、ついつい言葉がきつくなったり、命令や尋問になってしまってうまくいかないという経験は誰にでもあるはずです。

「子は親をうつす鏡」と昔から言いますが、親の不安や不機嫌、いらだちはそのまま子どもの不安定な気持ちにつながります。子どものためのアプローチだけでなく、自分たちがどう楽しむか、自分の心をどう満たすかを考えることが循環して、子どものためになるのです。

まず大人から楽しもう!

だからこそ、しつもんメンタルトレーニングでは、しつもん以前に問いかけをする人の心が満たされていることを大切にしています。

たとえば、野球のコーチは、「野球の技術を教える人」である前に「野球の楽しさを伝える人」であってほしいと思います。私であれば「考え方を教える人」である前に「考えることの楽しさを伝える人」であるべきだと思います。

そうであれば、私たちが楽しそうにやっていた方がいいですよね。

子どもたちと関わっている「いま」を楽しむことを忘れてしまっては、子どもたちを楽しませることはできません。それに、楽しそうなところには、自然と子どもたちが集まってきて、人の輪ができるものです。

トレーニングに興味が持てず、グラウンドで土いじりをしている子も、蝶々を探すことに夢中な子も、私たちが楽しそうにトレーニングをしていれば、自然と「一緒にやりたい」と思ってくれるかもしれません。

お母さんが楽しそうに料理をつくっていたら、きっと子どもたちもお手伝いがしたくなるはずです。お父さんが毎日楽しそうに仕事に出かけて、充実した様子を見せていれば、子どもは「仕事って楽しいんだな。早く大人になって仕事がしたいな」と感じてくれるかもしれません。

ある幼稚園の園長先生に教えてもらったことがあります。子どもたちに「自由時間だよ！　自分の好きな遊びをしよう！」と伝えると、子どもたちは砂で山をつくったり、かけっこやおままごとをしたりと一斉に自分が好きな遊びをはじめます。

けれど、最後には「たったひとつの遊び」に集約されることが多いことに気づいたそうです。どんな遊びだと思いますか？

それは、「もっとも楽しそうにしている遊び」です。

あの遊び、楽しそう！　そんな子が一人、二人と増えていき、最終的にはみんなで同じ遊びをするのだそうです。

論語に「これを知る者は、これを好む者にしかず、これを好む者は、これを楽しむ者にしかず」という言葉があります。ものごとを知ることは大切ですが、知るよりも好きであること。そして好きであることよりも楽しむことがもっとも重要だという教えです。

この言葉を聞いたとき、楽しさが持つパワーは、国や時代を超えて変わらないのだなと思いました。

「いま、楽しめているかな？」

「もっと楽しむために、なにができるかな？」

「いまの笑顔は輝いているかな？」

子どもたちを楽しませる前に、まずは私たち大人が目の前のことに楽しむことからはじめてみましょう。

シャンパンタワーの法則

話をグラスに戻しましょう。

グラスを満たすこと、つまり、しつもんする側の私たち大人の心が愛やエネルギーで満たされた状態で接すれば、子どもたちの答えは確実に変わります。

いままで子どものせいにしてさらにイライラを募らせていた人にとっては、自分から変えていける、コントロールできることが増えるわけですから、良いことづくめですよね。

質問家のマツダミヒロさんから教えていただいた法則に「シャンパンタワーの法則」というものがあります。結婚式やセレモニーなどで見かける、シャンパングラスが何段にも重なっているあれです。

ピラミッドのように積み上げられたグラスにシャンパンを注いで満たしていくわけですが、シャンパンをエネルギーに置き換えたのがシャンパンタワーの法則です。

ビジネスで考えてみると、一番上のグラスは自分、次の段のグラスは家族や身近な人たち、その次は友だちやスタッフ、次がお客様。エネルギーは一番上にある自分自身を

満たさなければ、次の段に一滴たりとも流れません。自分が満たされていないと、家族や、友人、お客様を満たすことはできないという法則なのです。

子どもたちとの関係も、この「シャンパンタワーの法則」と同じで、お父さんやお母さん、コーチ自身のコップが満たされていないと、そもそも与えることができません。

また、どんなに良い言葉やしつもんを投げかけても、良い行動をしたとしても本当の意味で伝わることはないのです。

まず自分の心を満たすことが大切という話を、一本のろうそくの火を移していく場面を思い浮かべてもらうとわかりやすいかもしれません。自分の心に灯した明かりを、子どもたちや家族に順番に移していくイメージです。

たとえば、お母さんが輝いていなければ、子どもたち、お父さんも輝くことはできません。子どもたちの力をより引き出すためのポイントは私たち大人の「心の状態」なんですね。

「子どものやる気スイッチはどこですか？」とよく聞かれます。

そんな便利なスイッチがあれば良いのですが、もしあるとしてもやる気スイッチは子どもによってまったく違うところにありますし、隅々まで探した結果、本当のやる気スイッチは自分、大人の心の中にあったということも少なくないのです。

心のグラスの満たし方

自分の心を愛やエネルギーで満たすと言うと、すごく難しいことのように思うでしょう。なにか特別なことが必要じゃないかと思いますよね。

でも、ごくごく簡単なこと、一％でも一滴でも良いから「心を満たすためになにができるかな？」と自分に問いかけることが大切なんです。自分を大切にすること、自分のために時間をつくるなど、心を満たす行動をすることがその第一歩になります。

とくに子どもに付きっきりになってしまうお母さんたちは「子どものために」「家族のために」と自分を犠牲にしがちです。そうやってがんばる姿は尊敬に値しますが、少し肩の力を抜いて子どもや家族のことから離れ、自分自身を大切にする時間をつくることが、返って子どもたちのためになることもあるのです。

きれいな自分でいたいなと美容院に行ってみる、本を読む、好きなお茶を飲む、自分自身が「満たされた」と感じることができれば、なんでもかまいません。すべて子どものために！　と目を三角にしてがんばっても、子どもたちにはプレッシャーになるだけです。そんな状態ではどんなに良い内容のしつもんをしても、子どもにとっては尋問になってしまいます。

たとえば自分の誕生日を思い浮かべてみてください。プレゼントをもらったり、たくさんの人に「おめでとう」と言ってもらえたとします。感謝されることで不機嫌になる人は珍しいですよね。一例ですが、たくさんの祝福を受け取った誕生日のように自然と笑顔で過ごせる状態が、満たされている状態だと思ってください。

こういう状態でしつもんすることができれば、いままでうまくいかなったことが少しずつですが前に進み、相手の反応も変わります。

「おすそ分け」ってありますよね。私の祖父の家に畑があって、いろんな野菜をたくさんつくっていました。自分の家だけでは食べきれないから、近所の人やお世話になっている人に野菜を配っていたんです。祖父の家は、「野菜のお礼に」といただいたものがたくさんありました。祖父の家には、お米や果物といった目に見えるお礼の他に、同じだけの「ありがとう」がいつも届けられていました。

おすそ分けは、ただ、物を誰かにあげたりもらったりするだけでなく、感謝が広がっていく行為だと思います。心のグラスを愛やエネルギーで満たすことが少しイメージできたでしょうか？

自分自身にしつもんする

自分を満たす重要性がわかったところで、早速いますぐ心のグラスの水位が上がることをやってみましょう。善は急げです。誰でもすぐにできることとしておすすめしているのが、三分間でできる簡単な自分自身へのしつもんです。

一日の終わり、少し手の空いた時間でも、ベッドに入る前でもかまいません。今日一日を振り返って、自分自身にこう問いかけてみてください。

「今日、誰かにしてもらって、うれしかったことはなんだろう？」

周りの人にしてもらったこと、見知らぬ人がくれた小さな親切、どんな些細なこと、小さなことでもいいので、ノートに書き出してみてください。

思い浮かべるだけでも効果はあるのですが、自分のお気に入りのノートに、お気に入りのペンで書き出すとさらに効果があります。ノートに書き出してみる、文字にしてみることで改めて気がつくこともあるはずです。

・笑顔で話しかけてもらった
・facebook でメッセージをもらった
・心が暖まる言葉をもらった
・素敵なお花のプレゼントをいただいた
・ありがとうと言われた

ノートに書き出してみると、自分の半径一メートルにもたくさんの感謝があふれ、小さな幸せがあることに気づくことができます。

そう、幸せはすぐ近くにあるのです。子どもたちに感謝の気持ちを持って欲しいと願うなら、目の前のことを「当たり前」ではなく、感謝であふれていることを感じて欲しいと願うなら、まずは私たち大人が実感を持ってそう言えるようにならなければいけません。

「今日、してもらったことはなんだろう?」
「今日、感謝したいことはなんだろう?」
「今日、どんなうれしいことがあったかな?」

これらはたった三分でできます。

一日三分。自分自身と向き合い、心を満たす時間をつくりましょう。

元気にしてくれるおまじないを持とう

自分を満たすことが子どもたちに良い影響を与えることはわかっていただけたと思います。ただし、気をつけたいのが、「満たされる＝完ぺき」ではないということです。

子は親をうつす鏡であり、子どもたちは親をはじめとする大人の背中を見て育ちます。だからといって、親や周りの大人がいつも完ぺきでいられるわけではありません。

新しい環境に身を置いたり、課題に取り組んで心に余裕がないときは、ちょっとしたことで落ち込んだり、子どもたちにきつくあたってしまう。頭ではダメだとわかっているのに、感情的になってしまい、ついつい怒鳴ってしまうことが誰にでもあります。

そういう感情を封じ込めて、完ぺきであろうとすると必ずどこかに無理が生まれます。

私たちの心にはリズムがあって、晴天の青空のようにさわやかな日もあれば、雲が厚くどんよりとしている日もあります。体調が悪く前向きな気持ちになれないこともあるかもしれません。

そんなときはそうなってしまった自分を責めるより、自分の心の状態に気づき、自分を元気にする方法を考えてみてください。

「これをするとちょっと元気になる」という方法をひとつ持っていると、疲れた自分を瞬時に癒すことができます。「病は気から」「心の持ちようで景色が変わる」なんていいますが、心の持つ力はバカにできません。

心の状態が満たされていないなぁと感じたら、「これをすれば元気になる！」というおまじないを見つけて、自分を満たす時間をつくりましょう。

子どもは大人をよく見ている

「真剣にやりなさい」「好き嫌いしちゃダメ」「集中して取り組みなさい」

大人が口を酸っぱくして伝えているのに、それが子どもたちや選手に伝わらないのはなぜでしょう。

もし、機械であれば、「こうしろ」と命令し、それがプログラミングしてあれば、その通りに動いてくれるはずです。選手への指示でも、一瞬はその通り動くこともありますが、長続きすることはありません。

子どもたちは心を持つ人間です。大人になにを言われたかということよりも、その大人がふだんなにをしているかをよく見ています。

私自身の子どもたちへの接し方の話をしましょう。

私は子どもたちや選手に安全面を考慮して、「赤信号では　道路を渡っちゃダメだよ！」と伝えていました。交通ルール、安全面から見ても当たり前のことですよね。

ところがある日、時間に追われた私は「車の通りも少ないし！」と、イギリスの友人に、車が通っていないのに待つなんて判断力がないんだと言われたことも手伝って、信号を無視して横断歩道を渡ってしまったんです。

いつもなら車がきていなくても赤信号で横断歩道を渡ることはありません。たまたまなのですが、そういうときに限って、子どもたちに見られているんですよね。

翌日、ある子どもから「コーチ昨日、信号無視してたでしょ!?」と言われてしまいました。

私はいつも子どもたちや選手に対して、「自分との約束を守ろう！」と伝えています。友達との約束を守ればその友達との信頼関係は深まるように、自分との約束を守れば、自分との信頼関係、自信が深まると信じているからです。

それなのに約束を破っている私を子どもたちが見たらどう思うでしょう？

せっかく築いてきたその子との信頼関係はリセットされ、私が言葉をかけても、再び心を開いて受け止めてくれるまでにかなりの時間がかかってしまいました。

「なにを言うか」ではなく、「誰が言うか」が大切なんだと実感しました。

子どもたちや選手に伝えていることを、私たち大人が実践している姿を見せることで、子どもたちも「本当に大事なことなんだ」と気づき、自然と行動に変化が訪れます。

完ぺきである必要はありませんが、「取り組んでいる」「真摯に向き合っている姿勢」は子どもたちに見せたいですよね。

大人も、行動を振り返り、自然と選手の心に届く素敵な自分になりましょう。

大人はどう変わればよいか――悩み相談

ここからは、子どもたちに変わって欲しいという願いを叶えるために、私たち大人がどう変わっていけばよいかのヒントになるしつもんを、よくあるお悩みに沿っていくつか紹介していきます。

〈悩み〉 子どもが言うことを聞かない

ひとつ目のお悩みは、「子どもが言うことを聞いてくれない」という、親にも指導者にも起こりうる問題です。

「うちの子は、好きな運動は進んでやるのですが、お手伝いや宿題をまったくやらなくて困ってるんです」

たとえば、こんな相談を良く受けます。実はこれ、すごく難しいことなのですが、考えようによってはとてもシンプルな話なのです。

お手伝いや宿題、勉強に対して子どもたちは「やらなきゃ」と思っています。だったらやればいいのにと言うのは簡単ですが、子どもたちはやらなきゃいけないとわかっていてもやりたくないことは進んで行動に移しません。

一方で、好きなことにはとことんのめり込むのも子どもたちの特徴です。サッカーが好きな子どもは、こちらが「もう暗いからやめなさい！」と声をかけても、夢中でボールを追いかけていますよね。

お手伝いや宿題、勉強もスポーツと同じように「やりたい」に変えることができれば、なにも問題はないわけです。とは言っても、そういう環境をつくるのは難しいですよね。

まず実践してみて欲しいのが、主語を「私」に変えること。子どもたちに言うことを聞かせたいと思うと、大人はついつい「あなた」を主語にした「YOUメッセージ」で伝えてしまいがちです。

「（**あなたは**）なんで宿題しないの⁉」
「（**お前は**）こんな時間までなにしてたんだ？」
「（**お前は**）なんであそこでシュートを外したんだ？」

これでは、子どもたちは「お前が悪い」というように、非難されていると感じてしまいます。

私がサッカーのコーチをしているとき、練習の合間の休憩では、子どもたちにボールをカゴの中にしまってもらっていました。休憩中はボールをカゴにしまって欲しい。あなたなら子どもたちにどう伝えるでしょう？

以前の私はそのまま「休憩する選手はボールをカゴの中にしまっておいてね」と伝えていました。すると、ボールをカゴの中にしまってくれる選手はちらほら。自分が使っていなかったボールはコートに点々としています。

そこで、主語を「私」に変えて伝えてみました。

「みんなが休憩前にボールをカゴにしまってくれると、次の練習の準備に早く取りかかれて、コーチはとってもうれしいんだ」

それを聞いた子どもたちの多くがボールをカゴにいれて休憩しに行ったのです。中には自分のボールだけでなく、コートに置き去りにされたボールをわざわざ拾って運んできてくれました。伝え方を変えるだけでこんなにも変化があるのだと実感できた瞬間でした。

また、余談ですが私の姪っ子は「私」を主語にする達人です。お菓子を「ちょーだい！」とねだるのですが、私が簡単には渡さない素振りを見かねると、少し時間をおいて「（**私は**）お菓子食べたいなぁ」とつぶやくのです。このかわいさにいつも必要以上にお菓子をあげてしまっています。

もうひとつのポイントは、以前にも出てきましたが、伝えたいことを絞ることです。あれも伝えたいこれも伝えたい、だとなかなか伝わりません。伝えたいことを整理して、シンプルにひとつずつ伝えることです。

大人は子どもよりも知っていることがたくさんあるので、伝えたいことがたくさんあります。でも、子どもたちが情報を受け取れる量は決まっているんです。伝えたいことをシンプルにひとつに絞ることで、以前とは伝わり方に変化が起きるのを感じるはずです。

どういうことかと言うと、伝えたいことを全部伝えているうちは、自分の伝えたいと思っていることを一方的に話しているだけなってしまうのです。それを整理して、シンプルに、ひとつに絞ると、子どもたちに「伝わる」伝え方に変わっていきます。

自分自身に「もっとも伝えたいことはなんだろう？」と問いかけ、あれもこれもではなく、ひとつの情報をとことん深めて伝えることができれば子どもたちに確実に届き、「伝える」から「伝わる」に変わっていくはずなのです。

〈悩み〉　子どものためにやっているのに報われない

これもよくある悩みではないでしょうか。

スポーツに限らず、子どもがたちが習い事などを続けるには親や周りの大人のサポートが必要です。

まず実際問題としてお金がかかります。金銭面以外にも送り迎え、当番、人間関係など、大人たちの負担も相当なものです。そうなってくると、「どうしてこんなにがんばってやっているのにうちの子は本気にならないんだ」と愚痴を言いたくなることもありますよね。

さて、いま、サッカーの世界では、さまざまな世界的ビッククラブのキャンプやスクールが日本に進出しています。日本に居ながらにして世界レベルの指導を受けられる大チャンス。私も自分が子どもだったら受けてみたかったなぁと思うのですが、あるキャンプに見学に行ったときのことです。

「いくら払ったと思ってるの⁉」

ある子どものお母さんの声が聞こえてきました。

決して安くはない受講料を払って参加したのだから全力で取り組んで欲しいというお母さんの気持ちも痛いくらいわかります。

けれど、お母さんやお父さんからずっと監視されていては出せる力も出せませんし、常にお母さんの顔色をうかがってトレーニングしていては、本来吸収できるはずの力も吸収できなくなってしまいます。

大切なことは子どもたちが気持ち良くプレーできるかどうか。「学びたい！」と「学ばなきゃ」では得られるものが大きく変わってしまいます。

そんなときは、

「練習が終わったとき、どうなっていたら最高？」

「帰る頃には、どんな力が身についていると思う？」

「さっきの練習のポイントってなんだったの？」

といった前向きな思考に焦点を当てるしつもんをしてあげてください。

キャンプに参加したことで親の方からひとつきっかけをつくってあげた。これは事実です。しかし、「参加させてあげたからそれに応えなさい」と言ってしまうと、「（自分のために）やりたかった」はずのサッカーも「（誰かのために）やらなければいけない」ものになってしまいます。

日本以外の親子関係ってどうなんだろう？

そんな疑問を持った私は、サッカー強豪国の多いヨーロッパに取材旅行に出かけました。そんなとき、スペインである親子にインタビューさせてもらう機会を得たのです。スペインでも子どもの送り迎えやサポートに時間やエネルギーを注いでいるお母さんがたくさんいます。そうしたお母さんの一人に「毎日大変ではないですか？」としつもんをしてみました。

すると、そのお母さんは「まったく大変じゃないわ。だって、私が好きだからやってるんだもの」と答えが返ってきたのです。子どものために、ではなく、自分が好きだから、自分のために子どもをサポートしていると教えてもらいました。

また、別に出会った少年は、私が勝手に抱いていた陽気なスペイン人のイメージとは違って、積極的に話しかけてくることもなく、こちらから話しかけても必要最低限のことしか話してくれない、ずいぶんとシャイな少年でした。

お母さんに話を聞くと、コーチからも「もっと自分を表現しろ」「感情を表に出せ」と言われるそうです。

「彼と接するときに大切にしていることはなんですか？」

私のしつもんにそのお母さんは少し考えた後にこう答えてくれました。

「私と話をするときに感情を素直に出せるような会話になるように心がけているわ」

お母さんは、自分をうまく表現できない彼に原因を求めて責めたりするのではなく、日常生活、自分との触れ合いの中で意識せずとも、自然に感情が出せるように心がけているというのです。

サッカーで、チャレンジできない、仕掛けない選手がいたとしましょう。

コーチや周りの大人たちは「もっと仕掛けろ！」「チャレンジしろ！」と言うばかりですが、チャレンジするための環境を準備していないことも多いですよね。

それどころか、「もっと仕掛けろ」と叫んでいたコーチ本人が、ボールを奪われた瞬間にミスを責めるなんてことも良くあります。これでは、子どもは混乱して、ミスをするくらいならチャンスでもパスをしようと思うかもしれません。

「子どものために」と思って言っていることが、かえって子どもの成長の障害になる。そんなことをしていませんか？

〈悩み〉 子どもが妙にポジティブで心配

一流アスリートに限らず、成功を収めた人の多くは、「根拠のない自信」を持っているといいます。

メンタルトレーニングといえばポジティブ！ と思っている方も多いと思いますが、本当に根拠がない、なんの努力もしていないのに自信満々の子どもを見ていると不安になることもあるかもしれません。

「この子はこのまま大人になって大丈夫だろうか？」

「挫折をしたときに立ち直れないんじゃないか？」

親でもコーチでも、そんな不安を抱くような子どもがたまにいます。

スポーツをやっている私たち大人や子どもたち、選手もみんな「どうしたら勝てるか？」「どうしたら成功するか？」ということを一生懸命考えています。

「あのチームにどうしたら明日の試合、勝てるかな？」と、問いかけることは、目標を達成するためのアイディアを生む、良いしつもんと言えるでしょう。けれど、それと同じくらい大切にしたいことがあります。

「もし、負けちゃうとしたらなにが原因だと思う？」と、失敗の理由を考えるしつもんをすることです。

前向きでポジティブな思考を選択できる子どもが良い子どもで、良いサッカー選手になれると扱いがちですが、実はポジティブ思考と同じくらい、ネガティブ思考も大切なのです。

数週間後に控えた試合に対して、「もし負けてしまうとしたらなにが原因だと思う?」とあえてネガティブなイメージを想像してもらうことによって、「負けてしまうとしたらこんな理由があるかも!」と、失敗のイメージを先に発見し、その対策を準備することができます。

しつもんメンタルトレーニングでは、ポジティブもネガティブも、どちらが良い・悪いもありません。

一流アスリートだって、ポジティブに自分を信じ切っている人ばかりではありません。四〇歳を超えたいまもアメリカのメジャーリーグで活躍するマイアミ・マリーンズのイチロー選手は、同じくメジャーリーグで活躍するニューヨーク・ヤンキースの田中将大投手のことをこんなふうに言っていました。

「うまくいかないことを前提として、いろんなことを組み立てているという感じに見える」

田中投手は良くないときを常にイメージしているから、たとえ思うようなボールがいかなくて打ち込まれたとしても大崩れせず、試合の中で修正できるというのです。

完ぺき主義のイチロー選手でさえ、いや、だからこそなんですが、失敗も成功も織り込み済み、試合がはじまる前にすべて想定内にしてプレーしているそうです。野球では、三割バッターになったとしても七割が失敗です。

「大丈夫！　やれば打てるよ！」という楽観的な気持ちだけでは、イチロー選手のようにヒットを積み上げ、攻守に渡って一流のプレーを維持することはできないのです。

ポジティブに「勝てる方法、できる理由」を考えることもとても大切ですが、ネガティブに「負けてしまう理由、できない理由」を考えておくことも大切。

ポジティブすぎる子どもには「**失敗するとしたらどんなことが考えられるかな？**」「**もし、負けそうになるとしたらどんなピンチがあるかな？**」というしつもんをして、ネガティブとポジティブ、両面から考えられるようにしてあげてください。

〈悩み〉　うちの子はプレッシャーに弱い

「うちの子、プレッシャーに弱いんです」

「うちのチームの選手たち、メンタルが弱くて……。練習ではできるのに、試合だとダメなんです」

メンタルトレーニングを学びたいと希望する人の最大の悩みと言えば、子どもたちの「メンタルが弱い問題」です。

こういう相談を持ちかけるたびにお伝えしているのですが、メンタルが弱い子どもというのは存在しません。

心の状態や体の調子、いろいろなことが関わり合って、試合で力を発揮できないという現象はたしかにありますが、その子どもが「メンタルが弱い」わけではないのです。

もし、「本番に弱い」と親やコーチが感じているとしたら、できるだけ子どもたちに「お前は本番に弱い」「あなたはメンタルが弱い」などの声がけをしないで欲しいと伝えています。

しつもんメンタルトレーニングでは、しつもんによって、子どもたちが自ら考え、成長していくためのツールとしてしつもんを使います。私の知る限り、生まれつきメンタルが弱い、これからもずっと本番に弱い子どもはいません。

もしいま、本番で力を発揮できない子がいるとしたら、環境や準備、その他のなにかに問題があるんだなと考えます。

いちばん最初に疑うべきなのは、思い込みです。

本来の力を発揮する邪魔をしているのは、自分の能力と自分が住む世界についての思い込みという場合があります。

思い込みとは、その子がずっと考えてきたこと、何度も自分に言い聞かせてきたこと、人から言われたことです。はじめて挑戦したことに失敗したら、「自分にはできない」と自分で自分にレッテルを貼ってしまう。

ある中学生の男の子は、英語が苦手だと言いました。

「どうして苦手だと感じるの？」としつもんすると、その子の苦手意識の正体がだんだんわかってきました。何回かしつもんをして、奥深くまで理由を掘り下げて行くと、最初の英語の授業を休んでしまって、みんなに遅れてしまった、スタートでつまずいたことが苦手意識につながったということがわかったのです。

大人からすれば「なんだそんなこと？」と思うかもしれません。しかし、彼は「英語が苦手」と思い込み、実際に成績もあまり良くありません。

その思い込みは本当でしょうか？

苦手意識があるから勉強をしない、出遅れと思ったから興味を持てない。でもそんなことは思い込みで、勉強してみればすぐに追いついて、良い成績がとれれば英語を好きになるかもしれません。

思い込みは思考や行動に制限をかけてしまいます。自分にとって必要のない思い込みはゴミ箱に捨ててしまいましょう。


ポジティブ思考とネガティブ思考の話でも話題にしましたが、「プレッシャー＝悪」と決めつけるのも考えものです。

左の図は、緊張の度合いとパフォーマンスの関係性を示したグラフで、「逆U字曲線」と呼ばれています。

これを見ると、最高のパフォーマンスを発揮するための理想的な心理状態は、リラックスと緊張のちょうど間、ほどよいリラックスとほどよい緊張感があるときだとわかり

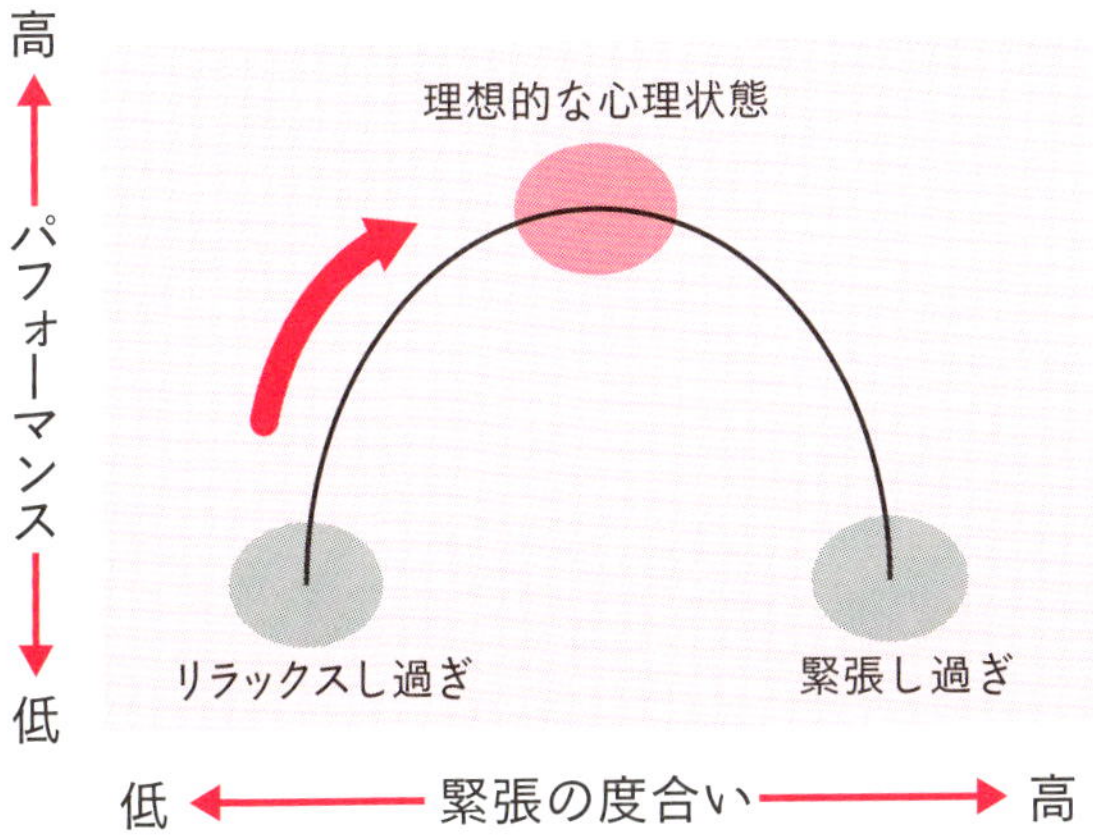

ます。

スポーツの現場では、白い歯を見せるなんてなんてとんでもないという「過緊張型」と、とにかく「楽しむ」ことだけを追究して緩くなってしまう「過弛緩型」の両極端な考え方が幅を利かせているように感じます。

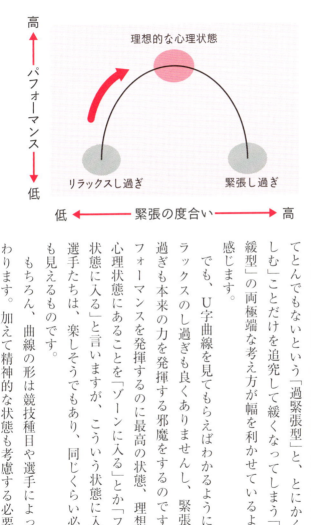

でも、U字曲線を見てもらえばわかるように、リラックスのし過ぎも良くありませんし、緊張のし過ぎも本来の力を発揮する邪魔をするのです。パフォーマンスを発揮するのに最高の状態、理想的な心理状態にあることを「ゾーンに入る」とか「フロー状態に入る」と言いますが、こういう状態に入った選手たちは、楽しそうでもあり、同じくらい必死にも見えるものです。

もちろん、曲線の形は競技種目や選手によって変わります。加えて精神的な状態も考慮する必要はあ

ります が、このシンプルなグラフをもとに対話を深めるだけでも効果があります。
プレッシャーは打ち消そうと思うとかえって強く出てしまったり、全部なくしてしまうと緊張感がなくなったりします。なので、お父さん、お母さんやコーチは、子どもたちにプレッシャーとの上手な付き合い方、感情をうまくコントロールする方法を伝えることが必要です。

では、具体的にどんなことをすればいいでしょう？

子どもたちに確認して欲しいのは、まずいま自分がどんな状態なのかということです。緊張しているのか？　それともリラックスしているのか？

試合前にしつもんをしておいて、試合後に今日うまくいったことを聞ければ、どんな状態のときに良いプレーができているか、本人の経験を通じて把握できますよね。

次に子どもたちにして欲しいのは、いま自分にコントロールできること、できないことを整理することです。

試合前にできることは限られています。直前になって、もっと練習しておけば良かった、あれをしておけば、これをしないとと思っても、プレッシャーや緊張が強くなるばかりです。そんなときは、自分ではコントロールできないことをあげてみるのです。

まず、戦う相手は自分の力ではコントロールできません。本当に強いチームは、まるでコントロールしているかのように戦いますが、「相手が強い」とか「足の速い子がいる」「背の高い子がいる」という対戦相手の条件は、対策はできても自分たちで変えることはできません。天気やピッチの状態、審判の判定、歓声やヤジも自分たちの力ではどうにもなりません。

メンタルトレーニングでは、自分でコントロールできないことにこだわるよりも、手放した方がいい結果が出るという考え方があります。

自分の力で変えられることとは大きく分けて二つだけ。

「自分」と「いま」というこの瞬間だけです。

自分の力で変えられること、自分の力では変えられないことを整理して、明確にしておくだけで余計なプレッシャーから解放され、自分のできること、すべきことに集中できます。

子どものために我慢しなくていい

生活をしていれば誰でも、嫌だなと感じたり、イライラしたり、不満を感じることがあります。自分がそんな状態なのに、「子どもたちのために」とがんばっても良い結果は得られません。

「こんな自分は嫌だ」と不満を感じている人の言うことは、誰も素直に聞いてくれません。こうしたイライラを解消する第一歩は、不満があると感じている自分もいることに気づくこと、そしてそれを認めることです。

しかし、これに「子どものために」という理由が付いてしまうと、多くの大人は自分より子どもを優先させようと〝我慢〟してしまうのです。

もちろんその我慢は逆効果です。自分はイライラ、子どもたちもそんな人の言うことには耳を貸さず、ますますイライラが募ります。イライラのループが続いている状態では、どんなしつもんも教育も指導も効果が出るはずがありません。

「いい質問をするためにはどんな言葉をかけたらいいでしょう？」

みなさんもこの本を手に取ってくれたときに、これが絶対正解！　というしつもんのフレーズを求めていたかもしれません。

ごめんなさい、そんな特別なしつもんは実はありません。

ここまで書いてきたように、どの子どもにも当てはまる正解のしつもんがあるわけではなく、言葉にしてしまえば「どうだった？」「どういうふうに思った？」など、ごくごく日常的な普通の言葉なのです。

そのかわりに、言葉を変えずにいますぐ子どもたちを変えることのできる方法があります。

それがこの章で説明してきた「あなた自身が変わること、自分の心を満たすこと」です。

章のはじめに、「最近、自分を満たすためになにをしましたか?」とお聞きしました。「子どものことで忙しいから」「自分のことより家族のことで手一杯」というあなた、どんなことでも良いので、自分のためになにかひとつ、行動してみてください。

子どもたちの身体と心を縛っているのは、あなた自身の心の持ちようなのかもしれないのです。

［第6章］まとめ

◉良いしつもんは、自分（大人）の心が満たされた状態から生まれる

◉1日3分、誰かにしてもらったうれしかったことを書く

◉主語を「おまえ」「あなた」から「私」に変えるだけで、子どもは変わる

◉生まれつきメンタルが弱く、この先もずっと弱い子は存在しない。思い込み、苦手意識の正体をしつもんで探し出す

◉プレッシャーに負けないために、できること・できないことを整理する。変えられるのは「自分」と「いま」だけ

第7章

なりたい自分になる〝みらいしつもん〟

しつもん⑦

二〇三〇年のあなたは
なにをしていますか?

いよいよ最後のしつもんです。

今回はいままでと少し違って、少し先のこと、未来のことを考えるしつもんです。二〇三〇年、まだ少し先のお話ですね。そのときあなたはなにをしているでしょうか？

このしつもんに答えるときの注意点がいくつかあります。

「二〇三〇年には〇〇になって〇〇しているでしょう」という予測や未来形の言葉を使わないこと。現在形か過去形で話してください。二〇三〇年のあなたになりきって、そのときのあなたがなにをしているか？　どうなっているのか？　答えてみてください。

未来の自分が誰かにインタビューを受けていることを想像してみると、イメージしやすいかもしれません。そのときに「だといいな」とか「かもしれません」といった願望やあいまいな言葉を使わないことも大切です。

未来の自分になりきる

ここまで、しつもんというツールを使って子どもたちと大人がともに成長できる方法を紹介してきました。

しつもんには、大人が子どもになにかを教えたり、指示したりするのではなく、子どもの中にある答えを引き出しながら、一緒に考えられるようになるというメリットがあります。

しつもんのもうひとつの効果が、しつもんされ、問いに向き合うことで、無意識を意識化し、自分の意見や考えを整理できるということです。

自分でも気づかなかった本当の気持ちや考え方の傾向、癖など、日常生活でも人に指摘されて気がつく、「言われてみれば」ということって意外に多いですよね。しつもんは、「言われてみれば」という他人の指摘ではなく、「聞かれてみれば」という自分自身の気づきになります。

この本では、章の冒頭に、本を読んでくれているあなたにしつもんをしています。

ここまで読み進めてくださった方は、しつもんのテクニックや方法を学びながら、自分の経験や体験、身近な事例を頭に思い浮かべ、自分ならどうするだろう？　いままではどうだっただろう？　と考えているはずです。

最後のしつもんは、未来のことを聞くしつもんです。

しつもんメンタルトレーニングでは〝みらいしつもん〟と呼んでいますが、これは単に将来のことを聞くしつもんではなく、未来の自分になりきって自分の「理想的ないま」を語るロールプレイになります。

ロールプレイは日本語では役割演技などと訳されますが、ある人や物、役割を演じることで、演じた人や物の立場や状況を理解したり、疑似体験することです。接客業の人が、お客さんを演じることで新たな視点を発見したり、お客さん目線でサービスを考え直したりできるので研修などで使われることもあります。

みらいしつもんでは、あなたに〝未来のあなた〟をロールプレイしてもらいます。

このとき演じるのは、いま感じている不安や課題、将来想定される障害、そのすべてを乗り切り、最高にうまくいった状態の未来の自分です。

素早く、感じたままに答える

みらいしつもんに答える際には「じゃないかな」とか「だと思う」「だといいな」という

あいまいな表現や願望は使いません。必ず現在形か過去形で言い切ってください。

もうひとつのコツは、〇・二秒で答えることです。早すぎますか？　これは、できるだけ考えずに、心で感じたままに答えて欲しいからです。

さて、ここまでは本を読んでくださるあなたに問いかけてきました。答えてくれたことでなにがどう変わるのか？　その結果は、ここから紹介する方法であなたが子どもたちにみらいしつもんをすることで一緒に学んでみてください。
では、子どもたちにも同じしつもんをします。二〇三〇年、その子どもが何歳になっているかくらいはヒントとして教えてあげても良いでしょう。年齢の実感をつかむのが難しいと感じたら「大人になったら」と簡略化しても大丈夫です。
最初に問いかけて欲しいしつもんは「**いま、なにをしているの？**」です。
二〇三〇年になった子ども自身に、どんな生活をしているのか、どんな暮らしをしているのか、どんな仕事をしているのか？を聞いてみてください。

次に問いかけて欲しいのが「**あのことはどうなった？**」というしつもんです。聞かれた子どもたちは「最高にうまくいった未来の自分」を演じているわけですから、もちろん「うん、うまくいったよ」と答えます。

そこですかさず次のしつもん、「**どうやってうまくいったの？**」「**なにをしたらうまくいったの？**」と課題に対する解決法を聞きます。

みらいしつもんを成功させるためには、ふだんからしつもんをして、子どもたちの悩みや課題を把握しておく必要があります。二〇三〇年の自分が「バルセロナで10番をつけてチャンピオンズリーグで活躍しているサッカー選手」なら、いま抱えている悩みや課題は当然克服していないとそこにはたどり着けません。

未来の大きな夢を叶えた自分に、いまの自分の悩みや課題を解決してもらおうというのが、みらいしつもんの大きな狙いなのです。

時間旅行でなりたい自分に近づく

みらいしつもんには、できるだけ遠くの未来から、少しずついまに近づいていく方法もあります。

たとえばいろいろなことがわかってくる中高生くらいには、プロスポーツ選手として現役でプレーしている年齢を演じてもらうのではなく、もう少し先の引退した自分になりきって答えてもらうのも面白いでしょう。

「五〇歳になった自分になりきって答えてね。最近、なにをしているの？」

「プロサッカー選手として活躍した後、ヨーロッパで監督をしている」と答える子もいるでしょう。「まだ現役でボールを追いかけている」と言う子もいるかもしれません。

「プロ野球選手をやめて解説者に」「引退後にお医者さん」「弁護士」とセカンドキャリアについて教えてくれる子もいるかもしれません。この答えを聞くだけでも、その子の考え方や性格、人となりが見えて面白いのですが、大切なのは実はここから時間をさかのぼって行くことなんです。

それを実現するために四〇歳ではなにをしているんだろう？

三〇歳ではどうかな？

二〇歳、高校生、中学生のときの自分はどうだろう？

五〇歳で監督になるためには一年後どうなっていたらいい？

半年後、三カ月後、一カ月後は？

じゃあ一週間後、明日、今日はなにをしよう？

こんなふうに時間旅行をしていくことで、未来になりたい自分にどうやったら近づけるかが見えてくるのです。

これが反対だったらどうでしょう？　今日の練習なにをする？　一週間後はどう？　そんなふうに聞かれても、「とりあえずがんばる」「一生懸命やる」といった答えしか返ってきませんよね。

でも未来の自分を鮮明に描いて時間を巻き戻していけば、その時々の課題を想像したり、起きることを予測したりできます。

しつもんする相手が小学生でも同じように「バルセロナでプレーする」未来の自分から、時間をさかのぼってしつもんをしていけば高校生、中学生になるまでに必要な行動や考え方、身につけたいことが見えてくるはずです。

第1章で、本田圭佑選手の小学校の卒業文集での〝予言〟を紹介しました。本田選手は、一二歳にして「セリエAで10番を背負う」自分を想定して、そのために「世界一練習しなければいけない」と、解決しなければいけない課題とその克服方法も具体的に書いています。これはまさにみらいしつもんの答えなんですね。

ちなみに、今回紹介した例はすべてプロ選手になる前提でしたが、子どもたちが全員プロ選手になりたいとは限りません。ここでも大人の決めつけはNGです。

スポーツの分野によっては、プロになりたい！　という子に「プロリーグはないよ」なんて訳知り顔で教えようとする方もいますが、将来その子がプロ第一号になるかもしれないし、プロじゃなくてもすごい選手になる道はいくらでもあるはずです。先入観を与えるような言葉や、決めつけは助言にならないので要注意です。

もちろん、未来の自分は「スペインで10番をつけて、プレーしているよ！」でもいいし、「別荘が五つあって、世界中に家があるの！」でもいい。「ケーキ屋さんになって、お母さんが買いにきてくれたところ！」も素敵ですよね。

未来の自分がなにをしていても、「理想の未来に近づくためになにができるだろう？」と問いかけ、未来の自分から逆算して、理想の未来に近づくためにいまできることにたどり着く。未来からいまを解決するのがみらいしつもんなのです。

「どうせ無理」の原因

未来の自分を邪魔する最大の敵は自分や周りの「どうせ無理だよ」という気持ちや言葉です。

なにをしてもすぐに諦めて、長続きしない。あるお母さんからなにごとにも自信を持てないお子さんについてご相談を受けました。

「子どもをなんとかしたい」「もっと前向きになって欲しい」「このままじゃ将来が心配」と、深刻な顔で相談してくるお母さんに私はこんなことを問いかけました。

「お子さんに前向きになってもらうために、お母さんができることはなにがありますか?」

子どもたちの習慣や性格は、周りにいる大人に大きな影響を受けます。とくに一緒にいる時間が長いお母さんの影響は良い意味でも悪い意味でも絶大です。
たとえば、その子が「もう無理」とか「どうせ無理だよ」と言ってすぐに諦めてしまう子だったら、「この子は根性がない」「誰に似たのかしらね?」と嘆く前に、自分の言動をちょっと見つめてみて欲しいのです。
たとえば口ぐせ。
口ぐせの多くは、お父さんやお母さん、友達、コーチなど、日頃からよく接している人の影響を大きく受けています。いつも前向きな考え方をしている人たちの近くで育っている子どもは前向きな言葉を使います。

一方で、「あなたには難しいかも」「それはダメよ」「もっとちゃんとしなさい」と、いつも否定的な言葉をかけられている選手は、自分に自信を持つことができず、なかなか積極的になれません。結果としてその子の口からは「ぼくにはどうせ無理だよ」という言葉が出てきます。そんなことばかり言っていれば、すぐに諦めてしまう子になるのは当たり前ですよね。

思考に気をつけなさい、それはいつか言葉になるから。
言葉に気をつけなさい、それはいつか行動になるから。
行動に気をつけなさい、それはいつか習慣になるから。
習慣に気をつけなさい、それはいつか性格になるから。
性格に気をつけなさい、それはいつか運命になるから。

これは、マザー・テレサの有名な言葉ですが、すべての文の前に「大人（親）は」を、「それはいつか」の後に「子どもの」を入れてもまったく同じことが言えると思います。

親の思考は子どもの言葉になり、親の言葉は子どもの行動になる。親の行いは子どもの習慣になり、親の習慣は子どもの性格を形づくる。親の性格は子どもの運命をも左右してしまう。

子どもたちの未来や将来を心配するなら、まず自分がどんな言葉を使っているのか、どんな行動を子どもたちの前でしているか、そんなことを振り返ってみる必要があります。

では、形に残りやすい言葉からはじめましょうか。

まずは一週間、あなたがどんな言葉を使っているかを、意識して観察してみましょう。家で話す言葉のほとんどは無意識に出てくる言葉だと思います。その無意識をちょっと覚醒させて、意識的に自分を客観視してみてください。言ってしまってから覚えておくやり方でOKです。三メートルくらい上空から自分を見ている自分がいて、言葉遣いを観察しているイメージです。

自分の言葉はとくに、話したそばから忘れてしまうのが人間です。言葉を拾えたときだけでも良いので、メモに残しておくのがおすすめです。スマートフォンの録音機能やビデオカメラを活用してもいいですね。

一週間後、あなたの言葉メモが「ほんとにできるの?」という疑いの言葉や「あなたにはできないわよ」「〜しないで」などの否定的な言葉で埋まっていたら注意が必要です。

日常的にその言葉を聞かされている子どもたちの頭の中に言葉が染みついています。子どもたちの口からは知らず知らずのうちに否定的な言葉が出てくるようになってしまいます。

まだ小さな子が外に遊びに出るとき、心配するあなたはどんな言葉をかけますか？よく聞くのは「走っちゃダメだよ」という言葉ですよね。

私たちの脳は否定的な言葉を理解できないといいます。「走っちゃダメ」という言葉を耳にすると脳の中で「走る」というキーワードだけが残り、その行動をしようと体が動き出すのだそうです。

「走っちゃダメ」も、〇〇してはいけませんという否定的な言葉です。少し頭を柔らかくして、肯定的な言葉に置き換えてみましょう。「歩くと気持ちいいよ」と言うのはどうでしょう？

また、「走っちゃダメ」と言われた子どもは、大人からなにかを規制された、制限されたと窮屈な思いをするでしょう。「気をつけてね」という意味だったとしても、ダメと言われると怒られたような気持ちになるかもしれません。そういう気持ちのときは素直に話が聞けず、反発することもありますよね。

でも、歩くと気持ちがいいよ(だから歩こう)と提案されたらどうでしょう? 言っていることは同じでも、伝え方が違うので、子どもたちへの伝わり方が変わります。

スポーツでも「シュート外すなよ」「ちゃんと練習しろ」「緊張しないで」ではなく、「ゴールを決めよう」「練習して成長しよう」「リラックスして試合に望もう」と伝え方を変換してみると、子どもたちの受け取り方がガラッと変わって、前向きで明るい雰囲気になるのです。

言葉を肯定的な言い方に変えるには発想の転換が必要ですが、慣れてしまえばそんなに難しいことではありません。はじめのうちはネガティブからポジティブへ変換していても、そのうち頭の中がポジティブになり、最初から前向きな言葉が出てくるようになります。

こうした言葉の積み重ねが、子どもたちの考え方にとても良い影響を与えるのです。

想定外を楽しもう

しつもんの大原則が「答えはすべて正解」であることは何回も紹介してきました。

これまでも、ポケモンマスターになりたい高校生の話やウサギとカメのしつもんで出てきた「ウサギさんとカメさんは恋をしている」など、子どもたちの自由な発想を紹介してきましたが、想像力豊かな子どもたちからは、たくさんの「想定外」が飛び出します。

トレーニングや講演では、できるだけ想定外がないように準備を進めるのが正しい姿勢なのかもしれませんが、しつもんメンタルトレーニングのセミナーや講演は「想定外大歓迎」の姿勢でやっています。

もちろんはじめのうちは、斜め上から飛んでくるボールに食らいつくのが必死という時期もありましたが、誰かになにかを教える講師として壇上に立つのではなく、子どもたちや参加してくれる親御さんや指導者の方々と「一緒に学ぼう」と思った瞬間に、想定外のことが起きると「どうしてそう思うのだろう？」「その答えの背景にはどんな体験があるのだろう？」という好奇心が勝るようになりました。

どんなに準備をして臨んでも「想定外」は起こるものです。準備の質を高めることも重要ですが、それと同時に「どんなに準備をしても想定外は起こり得るもの」という心構えも大切です。

福井丸岡RUCKという女子フットサルチームとポルトガルに遠征に行ったときのこ

とです。

遠征では、試合時間から逆算して、トレーニング、休憩、食事、ミーティングの時間を調整していました。本番で力を発揮するためには心理面の充実だけでは不十分なことは言うまでもありません。コンディション管理もとても大事ですから、食事や休憩のタイミングや質もとても重要です。

けれどあらかじめ指定し、ホテル側にも承諾してもらっていた食事の時間にレストランに行っても食事がありません。それどころか、いまつくっているではありませんか！

みなさんにも「思ってたのと違う！」「想定外だよ！」「言ってたのと違うぞ！」というようなことってありませんか？

子どもたちも同じです。いざ本番になると、練習では経験することのなかった状況に置かれることになります。環境や気温の変化、審判のジャッジや相手チームとの関わり方。グラウンドのコンディションなど自分ではコントロールできないことが次々と襲いかかります。それを見越して実戦に近い練習をしなければいけないのですが、試合では練習では補えないものが顔をのぞかせます。

どんなに準備の質を高めても、それでも「想定外」は起きるわけですから、完ぺきな準備なんてあり得ません。

それなら、なにかが起きたときに物事を見極め、自分で考えて柔軟に対応できた方がいいですよね。スポーツの試合で監督やコーチの指示通りに動いているロボットのような選手、ベンチばかり気にしている選手たちを見ると、心が痛むと同時に、想定外のことが起きたときになにもできなくなってしまうのではと心配になります。

想定外を想定内にする準備をする。けれど、それでも想定外があることを知り、その場での対応力や、適応能力、即興力を身につける。

このことはプレーにも、これから先の人生にもとても役に立つことだと思います。

さらにできるのであれば、その想定外の環境を楽しむこと。

ポルトガルでは「えー、話していたのと違う！」ということが食事だけでなくたくさんありました。大会がおこなわれる会場も違いましたし、一チームで乗ると聞いていた会場へのバスも対戦相手と同乗！　ホテルのお部屋の間取りもオーダーとは違ったものでした。

「うそでしょ！」「話と違う！」と口から出そうになった自分たちに気づき、「なるほど、そう来たか」と想定外を楽しむところへ光を当て直すことで、前向きな気持ちで過ごし、力を発揮するための時間へと変えることができました。

想定外の出来事、思いがけないピンチは、対応力を磨くチャンスに変えられるのです。

イメージ力で「いま」を変える

スポーツの世界でも、ビジネスの世界でも、第一線で活躍するリーダーはビジョンを持って行動しています。ビジョンとは、未来を目に見える形にしたものです。

出張で地方に出かけたとき、ホテルの窓から見える目の前のタワーマンションの壁面に「PROJECT 2100」と書いてありました。これがなんなのか？ 会社のコンセプトなのか、なにかのイベントなのか？ それはよくわからなかったのですが、「PROJECT 2100」という文字を見た後、私は「二一〇〇年ってどうなっているんだろう？」と八〇年以上先のことに思いを馳せました。

生きているとしたら一〇〇歳以上、日本は、世の中はどうなっているんだろうな？ ふと、そんなことを考えていたら、仕事で来ていたその場所から遠く離れて、私の意識は時間旅行をしていました。

私たちはついつい目先のことにとらわれて、日々を忙しく過ごしてしまいます。今日のことに追われ、結局大きな目標や計画を達成できずに言い訳ばかりをしてしまう。

たとえば、全国大会にピークを合わせているはずなのに、目先の練習試合の結果に一喜一憂し過ぎてしまったり、プロ選手を目指しているはずなのに、「目の前の大切な試合」のために深刻なケガをおして無理に出場したり。

大切なことは、大きな目標や夢のためにどんな準備をするのか、どんな毎日を積み重ねるのかなのに、それをイメージできずに目の前のことをこなしてしまうのです。

二〇〇〇年とは言いませんが、小学校、中学、高校最後の試合でどうなっていたいか？　その先はどうしているのか？　私たちはどんなチームになっているだろう？　そんな未来をイメージすることが、チームのビジョン、自分のビジョンを持つことにつながります。

未来をイメージすれば、いまやっている練習が正しいのか？　意味があるのかということにも気持ちが自

然と向くようになります。これまではなんとなくこなしていた練習、やり方にも変化が生まれます。

理想の未来を手に入れるためには、未来を明確にして、ビジョンを持ち、それを実現するための選択や決断を〝いま〟することが大切です。

もちろん私たち大人もそうですが、これからを生きる子どもたちに必要なのは、数年先の未来のことを考えながら、いま、決断を下す能力です。

試合の勝敗、スコア、結果ももちろん重要ですが、その結果だけに一喜一憂するばかりでなく、数年先の未来をイメージして練習や試合に臨み、成長にも目を向けることが「なりたい自分になる」ための近道なのです。

みらいしつもんでは、将来の話、未来のことを問いかけます。答えはもちろんどんな大きな夢でも野望でも突拍子もないことでも良いのですが、大きな夢を持つことが目的ではありません。

自分の未来はいまの積み重ねでできています。だからこそ、未来から時間を巻き戻しながら、いまの自分になにができるかを問いかけるしつもんをしていくのです。

まだなにも確定していない未来や、もう過ぎてしまった過去と違って〝いま〟は変えることができます。

そして、もうひとつ、〝自分〟も変えることができます。

起きてもいないことに思い悩んだり、起きてしまった過去のことを後悔するのではなく、いまできることに集中しようというのはよく言われることです。

しつもんメンタルトレーニングでは、理想の未来をしっかり描き、見据えることで、いまを大切にする、過去の出来事を活かす方法を考えるのです。

一日一回、しつもんを

子どもたちにはいつもモチベーション高く、挑戦する気持ちを持って、どんなことにも主体的に取り組んで欲しいものです。

これまでも何度も紹介してきたように、やる気を高めるためにもっとも効果的なのは、子どもたち自身が「自分で挑戦すること、なにに挑戦をするか決めること」です。

「これをやりなさい」「ここを目指そう」と目標を与えるのではなく、子どもが自分で「これに挑戦したい」「こんな自分になりたい」「こんな未来を実現したい」といったイメージを持つことが、一歩を踏み出すモチベーションにつながります。

誰かに決められたこと、親の望みや期待、コーチの願望は、それが実現できなかったとき「〇〇のせい」に変わります。
お母さんがうるさいから、お父さんがもっと協力してくれていたら、コーチが厳しすぎた、指導が悪かった、いや選手に才能がなかった……。子どもも親もコーチもみんな誰かのせいにして責任転嫁する悲しい結果に終わってしまうことも少なくありません。

「一年後、どんな自分になっていたい?」
「この大会が終わったときにどうなっていたら最高?」
「この練習が終わったときに、どんな状態になっていたい?」

終わったときの最高の姿を問いかけることで、子どもたちの本当にやりたいこと、いまの本心、できることできないことが見えてきます。

「どうしてそう思うの?」

そう問いかけることで、子どもたちがなぜそう思うのか? どんな気持ちでいるのか、完全ではないかもしれないけど、なにかのサインやかけらくらいは受け取れるかもしれません。

「良かったことはどんなことがあった？」
「うまくいったことはなにがあった？」

ポジティブ思考が良いと言いながら、「前向きに考えなさい」と叱りつけるのはちょっと疑問ですよね。私たち大人が良いところに目を向ければ、子どもは自然とポジティブに、前向き方向で物事を考え出します。

「どうすればさらに良くなると思う？」
「もっと良くするためにはなにをしたらいいかな？」

理想の未来の自分をイメージし、そのためにできることを考えられるようになれば、改善点や足りないところ、しなくてはいけないことなんて、私たち大人が指摘しなくても自然に考えられるようになります。

ぜひ、子どもたちに一日一回、しつもんをしてあげてください。

自分のやる気を高められるのは自分だけ、周りの大人はそれを引き出すサポートしかできないのですから。

[第7章]まとめ

◉〝みらいしつもん〟をすることで、
現在の自分の悩みや課題を解決する

◉「どうせ無理」。
親のネガティブなログセは
子どもに伝染する。
否定形を肯定形に習慣づけ、修正していく

◉どんなに準備しても想定外は必ず起きる。
その心構えを持ち、乗り越えることで
生きる力は磨かれる

◉未来を手にするためには、
未来を明確にすること。
そのための選択、決断を〝いま〟やる

◉自分で決めた挑戦が、子ども成長させる。
そのために1日1回、しつもんを

14
9
2

おわりに

この本の中でもいくつかご紹介しましたが、私は世界中の子どもたちがどのように学んでいるのか？　大人たちがどのように子どもたちと接しているのか？　を知るためにさまざまな国に足を運び、いろんな人に話を聞いています。

しつもんメンタルトレーニングをはじめてから、自分自身の中で「こうした方がいいな」「こう接すれば子どもたちは心を開いてくれるはずだ」「こうすれば考える力は身につく」という指針のようなものが掴めてきたと思っているのですが、国内外に限らず、その国や地域の文化、背景、子どもたちの現実、諸先輩方の話をお聞きするたびに「もっとできることがある」と想いを新たにしています。

昨年訪れたスイスでも、新しい発見がありました。ヨーロッパをめぐっていたときのことです。知人に紹介してもらい、スイスとフランスで柔道を四〇年以上も教えている指導者にお話をうかがう機会に恵まれました。

スイスやフランスは柔道が盛んで、とくにフランスは五輪で金メダルを義務づけられている日本のライバルといってもいい強豪国です。さらなる強化を目指すフランスをはじめ、ヨーロッパでは、授業の一環として柔道に取り組むことが検討されていました。

「すごいですね。ご指導の賜物ですね」

私は長年異国で柔道の普及に務めてきた老指導者の功績に、素直に敬意を表したつもりでしたが、その言葉を聞いた彼は寂しそうに表情を曇らせたのです。

「オリンピックでメダルを獲るためだけに柔道をはじめる。それじゃあダメなんです」

柔道はスポーツなのか、それとも武道なのか。精神や礼儀も含めて伝えないと意味がない。もしかしたらそんな意味もあるのかもしれないと居ずまいを正していると、その老指導者が続けた言葉は、意外なものでした。

「オリンピックのため、メダルのためだけに柔道をはじめると、早い段階で柔道が嫌いになる。ケガもしやすくなるし、子どもたちのためになりません」

柔道は日本のもの、精神性が大切、それもひとつの事実だと思いますが、スイスに居を構え、現地で柔道の普及に務めてきた老指導者にとってそんなことは織り込み済み。授業化に反対するのは子どもたちがメダルや成績といった「勝利だけ」を目的に柔道を〝はじめさせられる〟ことへの危機感だったのです。

「将来の夢がオリンピック選手なんて素晴らしいね」

私もそう思っていました。子どもたちのために「親の考えを押しつけないで、本当にやりたいことはなにか？　と子どもたちにしつもんしてあげてください」とみなさんにいつも伝えています。ですから、「オリンピックに出る」「日本代表になる」「全国大会で優勝する」という目標をもつこと、指導者がそれを促すようにモチベートすることは、悪いことじゃないと思っていました。

でも、この老指導者は、オリンピックで勝つことだけを目標に柔道をはじめるのは子どもためにならないとはっきり言い切るのです。

日常的に子どもたちと接する親御さんやスポーツのコーチ、指導者にとって一番大切なことは「見返りを求めない」ことだと思います。

勝っているときも、負けているときも。

うまくいっているときも、うまくいっていないときも。

どんなときでも応援してくれる人がひとりでもいてくれたら、それが子どもたちにとってなにより大きな力になります。

けれどそれが、

「こんなにしてあげたのに！」

「応援してあげたでしょ？」

「誰が送り迎えしてると思ってるの？」

などと応援しているんだからもっとがんばりなさいというスタンスでは、本当の応援とはいえません。

先ほどの柔道の話もそうですよね。

「メダルを獲るために柔道をやろう」

一見すると明確な目標を持った良いビジョンに思えますが、その裏には、柔道をはじめる前から「だから勝ってね」「強化するから恩返ししてね」というプレッシャーがのしかかることになります。

「なにかしてあげる」と、自分勝手な愛情を押し付けるのは、もしかしたら「相手のため」「子どものため」ではなく、「自分のため」なのかもしれません。主役が「子ども」ではなく「私たち大人」にいつの間にかすり替わってしまっているのです。

文中でもお伝えした通り、スペインでサッカーをプレーしている子どもを持つお母さんに、「なぜ、彼を応援しているんですか？」とたずねました。その子はスペインの有名クラブの下部組織でプレーしている将来のスター候補。といっても、周囲は現実の厳しさをよく知っているので日本ほど過剰な期待をされていないのはよく知っていました。

お母さんは私のしつもんにこう答えます。

「私が好きだから、そうするの」

本当の応援とは見返りを求めないことなのかもしれません。

今回、出版にあたり私なんかがこんな偉そうなことを言って良いものか？　とためらいました。恥ずかしながら自分の未熟さを棚に上げ、「お前は何様だ」とおしかりを受けるような偉そうなことばかりを述べてしまいましたが、私自身も、本書で述べたことを実現すべく取り組み続けます。

本書の出版にあたり、ご協力いただいた皆様、日ごろアドバイスをくださる多くの方々に心より感謝申し上げます。マツダミヒロさんとの出会いがなければ、この道を志すことはありませんでした。小さな発信に目をとめてくださった編集の熊谷満さん、とめどなく広がるアイデアを見事にまとめてくださる大塚一樹さん、お二人のご協力がなければこの本は生まれませんでした。

また、「子どもたちを幸せにするために、できることはなんだろう？」、このしつもんに向き合い、いつも語り合うことのできるしつもんメンタルトレーニングのインストラクターやトレーナーの仲間にも本当に感謝しています。そしてなにより、いつまでも頼りなく、自由気ままに暮らす私を、小さな頃から温かく見守ってくれた両親に感謝します。こんなにも周囲に素晴らしい方に恵まれているのは、二人のおかげです。いつもありがとう。

最後になりますが、本書を手にとってくださったみなさまに感謝します。どこかでお会いできることを楽しみにしています。

二〇一七年四月　　藤代圭一

藤代圭一（ふじしろ・けいいち）

1984年名古屋市生まれ。東京都町田市で育つ。スポーツスクールのコーチとして活動後、教えるのではなく問いかけることで子どもたちのやる気を引き出し、考える力をはぐくむ〝しつもんメンタルトレーニング〟を考案。日本女子フットサルリーグ優勝チーム、インターハイ（サッカー）出場チームをはじめ、全国優勝から地域で1勝を目指すチームまで、さまざまなスポーツジャンルのメンタルコーチをつとめる。全国各地のスポーツチームや学校教育の現場などでワークショップを開催し、スポーツ指導者、保護者、教育関係者から「子どもたちが変わった」と高い評価を得ている。ビジョンは「1人でも多くの子どもたち・選手が、その子らしく輝く世の中をめざして」。

しつもんメンタルトレーニング　http://shimt.jp/

スポーツメンタルコーチに学ぶ！

子どものやる気を引き出す
7つのしつもん

2017年5月31日　初版第2刷発行

著者……藤代圭一
発行者……木内洋育

ブックデザイン……宮脇宗平
イラスト……手塚雅恵
編集協力……大塚一樹
編集担当……熊谷 満
発行所……株式会社旬報社
〒162-0041
東京都新宿区早稲田鶴巻町544 中川ビル4F
TEL：03-5579-8973
FAX：03-5579-8975
HP：http://www.junposha.com/
印刷製本……中央精版印刷株式会社

ISBN978-4-8451-1501-3